Lüneburger Schriften zum Umwelt- und Energierecht

Herausgegeben von
Prof. Dr. Edmund Brandt
Dr. Joachim Sanden
Dr. Reiner Faulhaber

Band 16

Michaela Stecher

# Die Vertragsbeziehungen zwischen Anlagen- und Netzbetreiber unter besonderer Berücksichtigung des EEG 2009

BWV · BERLINER WISSENSCHAFTS-VERLAG

Bibliografische Informationen der Deutschen Nationalbibliothek

Die Deutsche Nationalbibliothek verzeichnet diese Publikation in der Deutschen Nationalbibliografie; detaillierte bibliografische Daten sind im Internet über http://dnb.d-nb.de abrufbar.

ISBN 978-3-8305-1612-5

© 2009 BWV • BERLINER WISSENSCHAFTS-VERLAG GmbH,
E-Mail: bwv@bwv-verlag.de, Internet: http://www.bwv-verlag.de
Axel-Springer-Str. 54 a, 10117 Berlin
Printed in Germany. Alle Rechte, auch die des Nachdrucks von Auszügen, der photomechanischen Wiedergabe und der Übersetzung, vorbehalten.

# Vorwort

Diese Arbeit wurde im Sommersemester 2008 an der Professur für Öffentliches Recht, insbesondere Energie- und Umweltrecht, Fachbereich Umweltwissenschaften, der Leuphana Universität Lüneburg als Magisterarbeit im Rahmen des Masterstudiengangs Umweltrecht vorgelegt.

Anlass, sich mit den Vertragsbeziehungen zwischen EEG-Anlagen- und Netzbetreiber auseinanderzusetzen, lieferten nicht nur die in der Vergangenheit dazu vielfältig ergangene Rechtsprechung und Diskussionen in der Literatur, sondern konkret die Novellierung des EEG. Das EEG 2009 und insbesondere dessen § 4 Abs. 2, der Stein des Anstoßes, waren eben erst vom Bundestag beschlossen worden, als diese Arbeit entstand. Die Perspektive der rechtlichen Betrachtungen bezieht sich demnach auf das zu diesem Zeitpunkt noch geltende EEG 2004 mit vorausschauendem Blick auf das in Kürze geltende EEG 2009.

Danken möchte ich meinem Erstgutachter, Herrn Prof. Dr. Dr. h.c. (GTU Tiflis) Thomas Schomerus, insbesondere für die Themenwahl sowie den Herausgebern der Schriftenreihe „Lüneburger Schriften zum Umwelt- und Energierecht", Herrn Prof. Dr. Edmund Brandt, Herrn OStD a.D. Dr. Reiner Faulhaber und Herrn apl. Prof. Dr. Joachim Sanden für die Möglichkeit, die Arbeit in ihrer Schriftenreihe veröffentlichen zu können. Dem „Verein zur Förderung des Masterstudiengangs Umweltrecht an der Universität Lüneburg e.V." danke ich ganz besonders für den Druckkostenzuschuss zur Veröffentlichung dieser Arbeit.

Mein persönlicher Dank gilt Andreas Mosenheuer, nicht nur für das Korrekturlesen.

Hamburg, Dezember 2008 *Michaela Stecher, LL.M.*

II

# Inhaltsverzeichnis

Abkürzungsverzeichnis ........................................................................................... 11
Einleitung: Problemstellung und Gang der Untersuchung ................................. 15

A   Vertragsfreiheit und gesetzliche Förderung Erneuerbarer Energien -
     Rahmenbedingungen ........................................................................................ 16
     I    Schutz der Vertragsfreiheit durch Art. 12 Abs. 1 GG ............................. 16
     II   Eingriff durch gesetzliche Förderung der Erneuerbaren Energien ....... 16
     III  Rechtfertigung durch vernünftige Erwägungen des Gemeinwohls:
          Klima-, Natur- und Umweltschutz ......................................................... 17
     IV  Zusammenfassung ................................................................................... 19

B   Kontrahierungszwang oder gesetzliches Schuldverhältnis? Das zivilrechtliche
     Verhältnis zwischen Anlagen- und Netzbetreiber ........................................... 19
     I    Pflicht zum Vertragsschluss .................................................................... 20
     II   Forderungen nach zeitnaher Umsetzung ................................................ 21
     III  Die Entscheidung des Bundesgerichtshofs vom 11. 6. 2003 ................. 22
     IV  Die Regelung des § 12 Abs. 1 EEG 2004: gesetzliches Schuldverhältnis und
          Kopplungsverbot ..................................................................................... 23
     V    Kein Vertragsverbot ................................................................................ 24
     VI  Zusammenfassung ................................................................................... 25

C   Zivilrechtliche Grenzen der Vertragsfreiheit ................................................... 25
     I    Richtigkeitsgewähr von Verträgen und Vertragsparität ........................ 25
     II   Grenzen der Inhaltsfreiheit ...................................................................... 28
          1.   Dispositives und zwingendes Recht ............................................... 28
               a)   Erscheinungsformen ............................................................. 28
               b)   Abgrenzung ........................................................................... 29
               c)   Rechtsfolge bei Abweichen von einer zwingenden Norm .... 30
          2.   Gesetzlich verbotene Rechtsgeschäfte (§ 134 BGB) ..................... 31
          3.   Abgrenzung von zwingenden Normen und gesetzlichen Verboten ......... 32
          4.   Gegenüber Allgemeinen Geschäftsbedingungen zwingendes Recht ........ 32
          5.   Weitere Beschränkungen der Vertragsgestaltungsfreiheit ............. 33

D   Netzbetreiberpflichten nach dem EEG 2004 und potenzielle vertragliche
     Regelungen ....................................................................................................... 34
     I    Verstoß gegen das Kopplungsverbot gemäß § 12 Abs. 1 EEG 2004 .... 34
          1.   Streitstand ......................................................................................... 34
          2.   Stellungnahme ................................................................................. 35
     II   Vertragliche Vereinbarungen im Zusammenhang mit dem Anschluss ........... 36
          1.   Anschlusspflicht gemäß § 4 Abs. 1 S. 1 EEG 2004 ....................... 36
               a)   Pflichteninhalt ....................................................................... 36
               b)   Unabdingbarkeit ................................................................... 37
          2.   Abstimmungen im Vorfeld des Anschlusses ................................. 37

|  |  | a) | Netzverknüpfungspunkt | 38 |
|---|---|---|---|---|

- a) Netzverknüpfungspunkt ............................................................... 38
- b) Technische Anschlussbedingungen .......................................... 39
  - aa) Festlegung der Mindestanforderungen durch Netzbetreiber ......... 39
  - bb) Zwang zur vertraglichen Akzeptanz durch Anlagenbetreiber ....... 39
  - cc) Notwendige technische Anforderungen ............................... 41
  - dd) Vertragliches Abweichen ................................................ 41
- c) Technische Einrichtung zur Reduzierung der Einspeiseleistung ......... 42
3. Anschlussherstellung ............................................................... 43
4. Netzkosten ............................................................................... 44
   - a) Trennung von Netzanschluss- und Netzausbaukosten .................... 44
     - aa) Verbotsnorm oder zwingendes Recht? ............................... 44
     - bb) Wortlaut ..................................................................... 45
     - cc) Gesetzesbegründung zu § 4 Abs. 2 S. 4 EEG 2004 ............... 45
     - dd) Sinn und Zweck der Kostenteilung .................................... 46
     - ee) Abgrenzungsschwierigkeiten und unternehmerisches Risiko ....... 48
     - ff) Der Ursprung der Kostenteilung: analoge Anwendung des § 448 BGB ............................................................... 49
     - gg) Fehlende Schutzbedürftigkeit des Anlagenbetreibers ............... 49
     - hh) Kostenregelung als Teil des gesetzlichen Schuldverhältnisses ..... 50
     - ii) Abwälzung der Netzausbaukosten als Verstoß gegen § 307 BGB 51
   - b) Notwendige Kosten ............................................................ 52
   - c) Fazit ............................................................................... 53
5. Zusammenfassung .................................................................. 53

III Vertragliche Vereinbarungen im Zusammenhang mit der Abnahme ............... 54
1. Pflichteninhalt ......................................................................... 54
2. Unabdingbarkeit ...................................................................... 54
   - a) Die Vorgängerregelung ........................................................ 54
   - b) § 4 Abs. 1 S. 3 EEG 2004 .................................................... 55
3. Vertragliches Abweichen vom Abnahmevorrang ........................................ 57
   - a) Vertragsinhalt und –zweck ................................................... 57
   - b) Ausnahmen von der Abnahmepflicht: Drosselung von EEG-Anlagen gem. § 13 Abs. 1 EnWG ................................................. 58
   - c) Interessenlage ................................................................... 59
   - d) Fazit ............................................................................... 60
4. Schadensersatz- und Haftungsregelungen ................................. 60
5. Zusammenfassung .................................................................. 62

IV Vertragliche Vereinbarungen im Zusammenhang mit der Vergütung ............ 63
1. Vertragliches Abweichen von den gesetzlichen Vergütungshöhen ..... 63
   - a) Abweichen nach unten ........................................................ 63
   - b) Abweichen nach oben ......................................................... 64
   - c) Rechtsnatur der Vorschrift ................................................... 65
2. Vertragliche Vereinbarungen zu Blindmehrarbeitskosten ............... 65
   - a) Berechnung von Blindstrom als unzulässige Kürzung der Mindestvergütung .............................................................. 66

    b) Blindstromfahrweise als vom Anlagenbetreiber einzuhaltende technische (Mindest-) Anforderung .................................................. 67
    c) Stellungnahme ........................................................................ 67
  V Ergänzende vertragliche Vereinbarungen ........................................... 70
  VI Fazit .................................................................................................... 70

E Das EEG 2009 ............................................................................................... 71
  I Das Kopplungsverbot des § 4 Abs. 1 EEG 2009 ............................... 71
  II Kein vertragliches Abweichen zu Lasten des Anlagen- und des Netzbetreibers ................................................................................... 71
   1. Rechtsnatur des § 4 Abs. 2 EEG 2009 ....................................... 72
   2. Unzulässige Abweichungen zu Lasten des Anlagenbetreibers und des Netzbetreibers ............................................................... 73
   3. Unzulässigkeit eines *„do ut des"*? ............................................. 74
   4. Rechtsfolgen .............................................................................. 75
  III Potenzielle vertragliche Vereinbarungen unter der Geltung des EEG 2009 ..... 75
   1. Allgemein halbzwingender Charakter der Bestimmungen des EEG 2009. 75
   2. Vertragliche Vereinbarungen zu den Hauptpflichten .................. 76
   3. Vertragliche Vereinbarungen im Zusammenhang mit dem Anschluss ...... 76
    a) Netzverknüpfungspunkt ........................................................ 76
    b) Technische Anschlussbedingungen ...................................... 77
    c) Anschlussherstellung ............................................................ 77
    d) Netzkosten ............................................................................ 78
   4. Vertragliche Vereinbarungen im Zusammenhang mit der Abnahme ......... 79
    a) Vertragliches Abweichen vom Abnahmevorrang nach § 8 Abs. 3 EEG 2009 ....................................................... 79
    b) Einspeisemanagement nach § 11 EEG 2009 ........................ 80
    c) Schadensersatz- und Haftungsregelungen ............................ 81
   5. Vertragliche Vereinbarungen im Zusammenhang mit der Vergütung ....... 81
    a) Abweichen von den gesetzlichen Vergütungshöhen ............ 81
    b) Vertragliche Vereinbarungen zu Blindmehrarbeitskosten ................... 82
   6. Zusammenfassung ..................................................................... 82

Fazit und Schlussbetrachtung .............................................................................. 83

Literaturverzeichnis ............................................................................................. 85

# Abkürzungsverzeichnis

| | |
|---|---|
| a. A. | anderer Ansicht |
| a. E. | am Ende |
| AB-NSM | Allgemeine Bedingungen zum Netzsicherheitsmanagement |
| Abs. | Absatz |
| AG | Amtsgericht (mit Ortsnamen) |
| AGB | Allgemeine Geschäftsbedingungen |
| Art. | Artikel |
| AT | Allgemeiner Teil |
| Aufl. | Auflage |
| AVBEltV | Verordnung über Allgemeine Bedingungen für die Elektrizitätsversorgung von Tarifkunden v. 21. Juni 1979 |
| Az. | Aktenzeichen |
| Bd. | Band |
| BEE | Bundesverband Erneuerbare Energien e.V. |
| ber. | berichtigt |
| Beschl. | Beschluss |
| BGB | Bürgerliches Gesetzbuch in der Fassung der Bekanntmachung v. 2. Januar 2002 (BGBl. I S. 42, ber. S. 2909 und BGBl. I 2003, S. 738) |
| BGBl. | Bundesgesetzblatt |
| BGH | Bundesgerichtshof |
| BT-Drs. | Drucksache des Deutschen Bundestages |
| BVerfG | Bundesverfassungsgericht |
| BVerfGE | Entscheidungen des Bundesverfassungsgerichts |
| bzw. | beziehungsweise |
| ct/kvarh | Cent pro Kilowattstunde Blindleistung (var = Voltampere-reaktiv) |
| e. V. | eingetragener Verein |
| EEG | Gesetz über den Vorrang Erneuerbarer Energien (Erneuerbare-Energien-Gesetz) |
| EEG 2000 | Gesetz für den Vorrang Erneuerbarer Energien v. 29. März 2000 (BGBl. I 2000, S. 305) |
| EEG 2004 | Gesetz für den Vorrang Erneuerbarer Energien (Erneuerbare-Energien-Gesetz) v. 21. Juli 2004 (BGBl. I S. 1918) |
| EEG 2009 | Gesetz für den Vorrang Erneuerbarer Energien (Erneuerbare-Energien-Gesetz) verabschiedet vom Deutschen Bundestag am 6. Juni 2008 |
| Einf. | Einführung |
| EL | Ergänzungslieferung |
| EnWG | Gesetz über die Elektrizitäts- und Gasversorgung (Energiewirtschaftsgesetz) v. 7. Juli 2005 (BGBl. I S. 1970, ber. S. 3621) |

| | |
|---|---|
| ET | Energiewirtschaftliche Tagesfragen (Zeitschrift) |
| etc. | et cetera |
| EuGH | Gerichtshof der Europäischen Gemeinschaften |
| evtl. | eventuell |
| f., ff. | folgen(e), following |
| Fn. | Fußnote |
| gem. | gemäß |
| GG | Grundgesetz für die Bundesrepublik Deutschland v. 23. Mai 1949 |
| ggf. | gegebenenfalls |
| Hk-EEG | Handkommentar zum Erneuerbare-Energien-Gesetz |
| Hrsg.; hrsg. | Herausgeber, herausgegeben |
| i. V. m. | in Verbindung mit |
| insb. | insbesondere |
| IR | InfrastrukturRecht (Zeitschrift) |
| JZ | Juristenzeitung (Zeitschrift) |
| kVA | Kilovoltampere |
| kW | Kilowatt |
| LG | Landgericht (mit Ortsnamen) |
| m. w. Nachw. | mit weiteren Nachweisen |
| n. v. | nicht veröffentlicht |
| NAV | Verordnung über Allgemeine Bedingungen für den Netzanschluss und dessen Nutzung für die Elektrizitätsversorgung in Niederspannung (Niederspannungsanschlussverordnung) v. 1. November 2006 (BGBl. I S. 2477) |
| NJW | Neue Juristische Wochenschrift (Zeitschrift) |
| NJW-RR | NJW-Rechtsprechungs-Report, Zivilrecht (Zeitschrift) |
| NSM | Netzsicherheitsmanagement |
| NVwZ | Neue Zeitschrift für Verwaltungsrecht (Zeitschrift) |
| OLG | Oberlandesgericht (mit Ortsnamen) |
| RdE | Recht der Energiewirtschaft (Zeitschrift) |
| Rn. | Randnummer(n) |
| Rs. | Rechtssache |
| Rspr. | Rechtsprechung |
| S. | Satz; Seite |
| s. | siehe |
| s. o. | siehe oben |
| scil. | scilicet (*lat*.: „nämlich") |
| Slg. | Sammlung |
| sog. | so genannt |
| StrEG 1990 | Gesetz über die Einspeisung von Strom aus erneuerbaren Energien in das öffentliche Netz (Stromeinspeisungsgesetz) v. 7. Dezember 1990 (BGBl. I 1990, S. 2633) |
| StrEG 1998 | Gesetz über die Einspeisung von Strom aus erneuerbaren |

|  |  |
|---|---|
|  | Energien in das öffentliche Netz (Stromeinspeisungsgesetz) in der Fassung v. 24. April 1998 (BGBl. I S. 730, 734) |
| u. a. | unter anderem; und andere |
| u. U. | unter Umständen |
| Überbl. | Überblick |
| Urt. | Urteil |
| v. | vom; vor |
| VDEW | Verband der Elektrizitätswirtschaft e. V. |
| Versorgungswirtschaft | Versorgungswirtschaft – Monatszeitschrift für Betriebswirtschaft, Wirtschaftsrecht und Steuerrecht der Elektrizitäts-, Gas- und Wasserwerke |
| Verw. | Verweis |
| vgl. | vergleiche |
| VNB | Verteilernetzbetreiber |
| Vorb. | Vorbemerkung |
| z. B. | zum Beispiel |
| ZNER | Zeitschrift für neues Energierecht |
| ZPO | Zivilprozessordnung in der Fassung v. 12. September 1950 (BGBl. I S. 533) |

## Einleitung: Problemstellung und Gang der Untersuchung

Das EEG 2009 wurde vom Deutschen Bundestag am 6. Juni 2008 im Rahmen des Integrierten Energie- und Klimaprogramms der Bundesregierung verabschiedet.[1] Als Teil dieses ambitionierten Programms und unter dem beflügelnden Eindruck, dass das im EEG 2004 für 2010 verankerte Ziel – mindestens 12,5 Prozent Anteil Strom aus Erneuerbaren Energien – bereits 2007 deutlich überschritten wurde,[2] strebt auch das EEG 2009 an, den eingeschlagenen Kurs beizubehalten. Dabei liegt dem gesetzlichen Konzept eine Konstellation zu Grunde, die unter freien Wirtschaftsbedingungen nicht zustande käme: Denn Strom aus Erneuerbaren Energien ist (noch) nicht wettbewerbsfähig und würde ohne besondere Förderung keinen nennenswerten Absatz finden.[3]

Das Verhältnis zwischen dem Betreiber einer Anlage zum Zwecke der Erzeugung von Strom aus Erneuerbaren Energien und dem Netzbetreiber ist gekennzeichnet von rechtlichen Vorgaben und den an der freien Wirtschaft orientierten Vertragsverhältnissen. Durch die gesetzlichen Vorgaben findet zusammen, was ohne Einfluss von außen nicht zusammenfinden würde. Doch die gesetzlichen Regelungen treten in ein Spannungsverhältnis mit vertraglichen Vereinbarungen zwischen Anlagen- und Netzbetreibern und beide, Gesetz und Vertrag, beeinflussen gleichermaßen die wirtschaftliche Rentabilität einer Anlage.

Der vorliegenden Arbeit ist zum Ziel gesetzt, das Zusammenspiel von gesetzlichen Vorgaben und den daneben bestehenden vertraglichen Beziehungen einer näheren rechtlichen Betrachtung zu unterziehen. Die ab 1. Januar 2009 in Kraft tretende Neufassung des EEG lässt vermuten, dass vertragliche Vereinbarungen zwischen Anlagen- und Netzbetreiber nur noch in engen Grenzen möglich sind. Es stellt sich also die Frage, inwieweit die Vertragsbeziehungen durch die gesetzlichen Vorgaben eingeschränkt werden und welche Spielräume den Anlagen- und Netzbetreibern bleiben.

Um eine Antwort darauf zu finden, vollzieht diese Arbeit zunächst die Entwicklung der Vertragsbeziehungen von der ursprünglich uneingeschränkten und grundrechtlich geschützten Vertragsfreiheit bis zur novellierten Rechtslage nach. Grundlegende Einschränkungen ergeben sich sowohl aus den gesetzlichen Vorgaben des EEG als auch aus zivilrechtlichen Vorschriften, so dass auf beide näher einzugehen sein wird. Denn dies sind die Rahmenbedingungen der Vertragsbeziehung zwischen Anlagen- und Netzbetreiber. Nach den allgemeinen Ausführungen soll konkret auf die das Rechts- und Vertragsverhältnis von Anlagen- und Netzbetreiber kennzeichnenden Bestimmungen des EEG 2004 eingegangen werden. Im Zusammenhang mit den Anschluss-, Abnahme- und Vergütungspflichten der Netzbetreiber hat sich hier eine Fülle von Fragen rund um begleitende oder abweichende Vereinbarungsmöglichkeiten ergeben. Schließlich soll auf die mit dem EEG 2009 eingeführten Änderungen eingegangen werden. Auch hier wird zunächst auf die grundlegenden Bestimmungen und in einem weiteren Schritt auf die speziellen gesetzlichen Vorgaben einzugehen sein.

---

1 BT-Plenarprotokoll 16/167, S. 17748B, Beschluss S. 17751A.
2 BT-Drs. 16/8148, S. 68.
3 Vgl. BT-Drs. 16/8148, S. 64.

# A Vertragsfreiheit und gesetzliche Förderung Erneuerbarer Energien – Rahmenbedingungen

## I Schutz der Vertragsfreiheit durch Art. 12 Abs. 1 GG

Sowohl Anlagenbetreiber als auch Netzbetreiber können sich auf ihre durch Art. 12 Abs. 1 GG geschützte Unternehmerfreiheit berufen. Davon umfasst sind Vertrags- und Preisfreiheit sowie Dispositions- und Investitionsfreiheit.[4] Die Vertragsfreiheit wiederum gewährt die Freiheit, zu entscheiden, *ob* man einen Vertrag schließen will (Abschlussfreiheit) und die Freiheit, welche Inhalte man in einem Vertrag vereinbaren will (Gestaltungs- oder Inhaltsfreiheit).[5] Anlagen- und Netzbetreiber können danach also grundsätzlich frei darüber entscheiden, ob und wenn ja, mit welchem Inhalt sie einen Vertrag schließen.

Zwischen Anlagen- und Netzbetreiber würde auf Grund einer solchen freien Einigung ein Vertrag über die Einspeisung von Strom aus Erneuerbaren Energien oder Grubengas kaum zustande kommen. Die Einspeisung von Strom aus Erneuerbaren Energien wäre wirtschaftlich nicht rentabel, weil die Stromgestehungskosten bei Erneuerbaren Energien verhältnismäßig hoch sind. Strom aus Erneuerbaren Energien oder Grubengas ist im Vergleich zu konventioneller Stromerzeugung nicht wettbewerbsfähig.[6]

## II Eingriff durch gesetzliche Förderung der Erneuerbaren Energien

Mit Einführung des StrEG im Jahre 1990[7] wurde in das freie Spiel der wirtschaftlichen Kräfte eingegriffen und damit auch in die grundgesetzlich geschützte Vertragsfreiheit der Netzbetreiber.[8] § 2 S. 1 StrEG 1990 verpflichtete Elektrizitätsversorgungsunternehmen, den in ihrem Versorgungsgebiet erzeugten Strom aus Erneuerbaren Energien abzunehmen und den eingespeisten Strom nach § 3 zu vergüten. Damit wurde den Netzbetreibern eine Verpflichtung auferlegt, die sie erwartungsgemäß freiwillig nicht eingegangen wären. Aber nicht nur die Vertragsabschlussfreiheit war betroffen, sondern auch die Inhaltsfreiheit in Bezug auf die Preisgestaltung. Denn § 3 Abs. 1 StrEG 1990 sah eine Vergütungshöhe vor, die sich prozentual am Durchschnittserlös je Kilowattstunde aus der Stromabgabe von Elektrizitätsversorgungsunternehmen an alle Letzt-

---

4 Wegen des besonderen Berufsbezugs ist die Vertragsfreiheit hier nicht allgemein durch Art. 2 Abs. 1 GG sondern durch Art. 12 Abs. 1 GG geschützt. S. *Altrock/Oschmann/Theobald*, EEG, Einführung Rn. 39; *Tettinger/Mann*, in: Sachs (Hrsg.), Grundgesetz, 4. Aufl. 2007, Art. 12, Rn. 57 m. w. Nachw., insb. umfangreicher höchstrichterlicher Rechtsprechung.

5 *Larenz*, Lehrbuch des Schuldrechts, Bd I, S. 51; *Brox/Walker*, AT, Rn. 75 f.; *Musielak*, Examenskurs BGB, S. 1 Rn. 2 ff.; *Musielak*, Grundkurs BGB, 10. Aufl. 2007, S. 47 Rn. 98; *Fikentscher/Heinemann*, Schuldrecht, Rn. 111.

6 Vgl. BT-Drs. 16/8148, S. 64.

7 Gesetz über die Einspeisung von Strom aus erneuerbaren Energien in das öffentliche Netz (Stromeinspeisungsgesetz) vom 7. Dezember 1990 (BGBl I S. 2633).

8 *Altrock*, „Subventionierende Preisregelungen, S. 231; instruktiv zur Situation vor Inkrafttreten des StrEG 1990: Danner/Theobald/*Oschmann*, Energierecht, EEG VI B 1 Einf Rn. 3, Stand: EL 49, Januar 2005.

verbraucher errechnete. Mit den später erlassenen Folgegesetzen wurde dann noch weitergehend in die grundsätzliche Vertragsfreiheit der Netzbetreiber eingegriffen.[9] Im Wesentlichen folgte die Förderung der Stromerzeugung aus Erneuerbaren Energien jedoch von Beginn an einem noch heute geltenden Grundkonzept: Danach ist der Netzbetreiber verpflichtet, Anlagen zur Erzeugung von Erneuerbaren Energien an sein Netz vorrangig anzuschließen (Anschlusspflicht), den in diesen Anlagen erzeugten Strom vorrangig abzunehmen (Prinzip der Gesamtabnahme) und ihn nach Maßgabe spezieller Vorschriften zu vergüten (Vergütungspflicht).

## III Rechtfertigung durch vernünftige Erwägungen des Gemeinwohls: Klima-, Natur- und Umweltschutz

Bei der Rechtfertigung des beschriebenen Eingriffs sind – wegen des Schutzes durch Art. 12 Abs. 1 GG – die vom Bundesverfassungsgericht in der (Drei-) Stufentheorie[10] entwickelten Maßstäbe zu beachten. Im Rahmen dieser Stufenfolge sind die gesetzlich angeordneten Anschluss-, Abnahme- und Vergütungspflichten als Berufsausübungsregelungen der Netzbetreiber zu bewerten.[11] Ein solcher Eingriff wird, sofern er im Übrigen verhältnismäßig ist, bereits durch „vernünftige Erwägungen des Gemeinwohls" legitimiert.[12]

Zweifellos verfolgen die den Netzbetreiber belastenden Anschluss-, Abnahme- und Vergütungsverpflichtungen einen legitimen Zweck:[13] Die Erhöhung des Anteils Erneuerbarer Energien am Gesamtstromverbrauch soll durch den Ersatz konventioneller Erzeugung einen Beitrag zu Ressourcenschonung und Klimaschutz leisten. Damit wird nicht nur ein öffentliches Interesse sondern auch das Staatsziel des Art. 20a GG verfolgt.[14]

Auch hat sich der Fördermechanismus in der Praxis als besonders geeignet erwiesen. Die Verpflichtungen zu Anschluss, Abnahme und Mindestvergütung erhöhen die Wahrscheinlichkeit, dass das Gesetzesziel, nämlich die Steigerung des Beitrags Erneuerbarer Energien an der Stromversorgung,[15] erreicht wird. Die Pflicht zu Abnahme und Min-

---

9  So sah bereits § 3 Abs. 1 EEG 2000 vor, dass der gesamte angebotene Strom aus Erneuerbaren Energien vorrangig abzunehmen war. Wie *Reshöft*, in: Hk-EEG, Einleitung, Rn. 58, ausführt, war die unternehmerische Vertragsfreiheit dadurch auch insoweit eingeschränkt, als dass im Konkurrenzfall konventionelle Kraftwerke auszugrenzen waren. Auch die Vergütungshöhe wurde zunächst angehoben (von 75 % des bei allen Letztverbrauchern erzielten Durchschnittserlöses im StrEG 1990 auf 80 % im StrEG 1998) und später auf ein hundertstel Cent genau festgelegt (§§ 4 bis 8 EEG 2000). Das EEG 2000 führte erstmals die Anschlusspflicht auf, bestimmte eine Vergütungsdauer von 20 Jahren und verpflichtete den Netzbetreiber zum Netzausbau.

10  BVerfGE 7, 377, (401, 403 u. 405 ff.), „Apotheken-Urteil".

11  BGH, Urt. v. 11.6.2003 – VIII ZR 160/02, NVwZ 2003, 1143, 1144.

12  Anstatt vieler nur *Tettinger/Mann*, in: Sachs (Hrsg.), Grundgesetz, 4. Aufl. 2007, Art. 12, Rn. 101 mit Verweis auf die umfangreiche Rspr. des BVerfG.

13  Dazu aus der Sicht des Gemeinschaftsrechts EuGH, Urt. v. 13.3.2001, Rs. C-379/98, Slg. 2001 I-2099 – PreussenElektra.

14  BGH, Urt. v. 11.6.2003 – VIII ZR 160/02, NVwZ 2003, 1143, 1144.

15  So ausdrücklich erstmals in § 1 EEG 2000 formuliert.

destvergütung verspricht Investitionssicherheit und setzt damit Anreize zum Anlagenbau.[16] Nachgewiesenermaßen ist der Anteil der Erneuerbaren Energien am Primärenergieverbrauch deutlich angestiegen.[17]
Im Zusammenhang mit der Erforderlichkeit des Eingriffs wurden insbesondere direkte staatliche Subventionierungen der Anlagenbetreiber, die Erhebung einer Sonderabgabe, steuerliche Begünstigungen oder Quotenmodelle erörtert.[18] Diese Alternativen greifen zwar teilweise weniger schwer in die Grundrechtsposition der Netzbetreiber ein. Sie sind jedoch nicht ebenso effektiv wie die von StrEG bzw. EEG vorgesehenen Grundpflichten. Mangels weniger einschneidender Alternativen, die den Gesetzeszweck ebenso zuverlässig erreichen, sind also Anschluss-, Abnahme- und Vergütungspflichten erforderlich.[19]
Wie bereits vom Bundesgerichtshof in seinem Urteil vom 11.6.2003[20] geprüft und entschieden steht die Verpflichtung der Netzbetreiber auch in einem angemessenen Verhältnis zu dem Gewicht und der Bedeutung der durch Art. 12 Abs. 1 GG geschützten Vertragsfreiheit. Denn für den Eingriff sind vernünftige Erwägungen des Gemeinwohls anzuführen: Der Ausbau Erneuerbarer Energien ist ein wichtiger Aspekt des Klima- und Umweltschutzes, da er die umweltbelastende konventionelle Energieerzeugung (zumindest teilweise) ersetzt.[21] Die Netzbetreiber trifft dabei eine besondere Verantwortung für eine umweltschonende Energieversorgung.[22] Ihr natürliches Monopol auch auf der unteren Spannungsebene der Verteilernetze ist prädestiniert zur Aufnahme von Strom aus Erneuerbaren Energien und einer möglichst verlustarmen Weitergabe an die Abnehmer.[23]
Wesentliche Anknüpfungspunkte des EEG sind bereits in den gesetzlichen Vorgaben des EnWG enthalten: So sind Netzbetreiber über § 2 i.V.m. § 1 EnWG zu einer auch umweltverträglichen Versorgung der Allgemeinheit mit Elektrizität verpflichtet. Auch ist nach § 20 Abs. 1 S. 1 EnWG jedermann diskriminierungsfreier Netzzugang zu ge-

---

16 *Altrock/Oschmann/Theobald*, EEG, Einführung Rn. 45.
17 Vgl. die Ausführungen im EEG-Erfahrungsbericht 2007, Zusammenfassung S. 9: „Das Erneuerbare-Energien-Gesetz (EEG) ist ein wichtiges und erfolgreiches Instrument zur Förderung Erneuerbarer Energien. [...] Seit Inkrafttreten des EEG 2000 hat sich der Anteil der Erneuerbaren Energien am Primärenergieverbrauch von 2,6 % auf rund 5,8 % im Jahr 2006 und am gesamten Endenergieverbrauch von 3,8 % auf rund 8,0 % im Jahr 2006 mehr als verdoppelt. Fast verdoppelt hat sich der Anteil der Erneuerbaren Energien am gesamten Bruttostromverbrauch: von 6,3 % im Jahr 2000 auf rund 11,6 % im Jahr 2006" veröffentlicht unter:
http://www.bmu.de/files/pdfs/allgemein/application/pdf/erfahrungsbericht_eeg_2007_zf.pdf (Abrufdatum 25.8.2008). Nach Angaben des Bundesverbands Erneuerbare Energien e.V. (BEE) belief sich der Anteil Erneuerbarer Energien 2007 bereits auf 9,1 % am gesamten Endenergieverbrauch und auf 14,3 % am gesamten Bruttostromverbrauch. veröffentlicht unter
http://www.bee-ev.de/uploads/EE2006_Jahr_der_Rekorde.pdf (Abrufdatum 25.8.2008).
18 Vgl. hierzu die ausführlichen Darstellungen in: *Altrock/Oschmann/Theobald*, EEG, Einführung Rn. 46 ff; *Reshöft*, in: Hk-EEG, Einleitung, Rn. 65 – 80.
19 BGH, Urt. v. 11.6.2003 – VIII ZR 160/02, NVwZ 2003, 1143, 1144.
20 BGH, Urt. v. 11.6.2003 – VIII ZR 160/02, NVwZ 2003, 1143 ff.
21 *Reshöft*, in: Hk-EEG, Einleitung, Rn. 85.
22 *Altrock/Oschmann/Theobald*, EEG, Einführung Rn. 53 f; BGH, Urt. v. 11.6.2003 – VIII ZR 160/02, NVwZ 2003, 1143, 1144.
23 BGH, Urt. v. 11.6.2003 – VIII ZR 160/02, NVwZ 2003, 1143, 1145.

währen. Die gesetzlichen Regelungen zur Förderung Erneuerbarer Energien würden die insofern ohnehin bestehenden Pflichten der Netzbetreiber nur durch die Vorrangigkeit von Anschluss und Abnahme vertiefen.[24] Die aus der Vergütungspflicht entstehenden Kosten müssen nämlich nicht von den Netzbetreibern getragen werden, sondern können über einen Ausgleichsmechanismus auf die Endverbraucher weitergewälzt werden. Für die Netzbetreiber stellen die Vergütungen, also der Eingriff in die Preisgestaltungsfreiheit, einen Durchlaufposten dar.[25] Insgesamt dient das Grundkonzept der gesetzlichen Förderung der Erneuerbaren Energien damit dem Gemeinwohlinteresse ohne unzumutbar in die Art und Weise der Berufsausübung der Netzbetreiber einzugreifen.[26]

## IV Zusammenfassung

Art. 12 Abs. 1 GG schützt im Rahmen der Unternehmensfreiheit unter anderem die freie Vertrags- und Preisgestaltung. Netzbetreiber haben damit grundsätzlich das Recht, selbst über die Bedingungen der Einspeisung von Elektrizität in ihr Netz zu entscheiden. In dieses Grundrecht wird durch die gesetzliche Förderung der Stromerzeugung aus Erneuerbaren Energien eingegriffen. Zwar ist dieser Eingriff durch gewichtige Gründe des Allgemeinwohls gerechtfertigt. Dennoch ist das Rechtsverhältnis zwischen dem Netzbetreiber und dem Betreiber einer Anlage zur Erzeugung von Strom aus Erneuerbaren Energien grundsätzlich davon gekennzeichnet, dass der Netzbetreiber auf die Ausübung seiner vollen Vertrags- und Preisfreiheit verzichten muss. Zu beobachten ist ein Spannungsverhältnis zwischen der grundsätzlichen und grundrechtlich geschützten Vertragsfreiheit und den gesetzlichen Pflichten der Netzbetreiber.

## B Kontrahierungszwang oder gesetzliches Schuldverhältnis? Das zivilrechtliche Verhältnis zwischen Anlagen- und Netzbetreiber

Konkret stellt sich die Frage, wie sich die gesetzliche Förderung Erneuerbarer Energien auf das zivilrechtliche Verhältnis zwischen Anlagen– und Netzbetreiber auswirkt. Die zivilrechtsdogmatische Struktur der gesetzlichen Förderung Erneuerbarer Energien ist dabei von grundlegender Bedeutung für die sich ergebenden Ansprüche der Parteien.
Wie dargestellt würde die Einspeisung von Elektrizität in Netze der allgemeinen Versorgung grundsätzlich durch *Vertragsschluss* zwischen Netzbetreiber und Stromerzeuger geregelt werden. Betreiber von Anlagen zur Stromerzeugung aus Erneuerbaren Energien können sich jedoch auf Begünstigungen berufen, die ihnen auf Grund *Gesetzes* eingeräumt werden. Vor diesem Hintergrund ergab sich nach früher geltender Rechtslage die Frage, ob das zivilrechtliche Verhältnis zwischen Anlagen- und Netz-

---

24 *Altrock/Oschmann/Theobald*, EEG, Einführung Rn. 54.
25 *Altrock/Oschmann/Theobald*, EEG, Einführung Rn. 54; BGH, Urt. v. 11.6.2003 – VIII ZR 160/02, NVwZ 2003, 1143, 1144 f.
26 *Reshöft*, in: Hk-EEG, Einleitung, Rn. 89; *Altrock/Oschmann/Theobald*, EEG, Einführung Rn. 52; BGH, Urt. v. 11.6.2003 – VIII ZR 160/02, NVwZ 2003, 1143, 1144.

betreiber durch einen Kontrahierungszwang oder ein gesetzliches Schuldverhältnis geprägt war. Normierten die gesetzlichen Vorgaben bereits ein gesetzliches Schuldverhältnis, so dass sich die Hauptpflichten des Netzbetreibers (Anschluss-, Abnahme- und Vergütungspflicht) direkt aus dem Gesetz ergaben oder gewährten sie lediglich den Anspruch auf Abschluss eines Einspeisevertrags? Der wesentliche Unterschied: Im letzteren Fall entstünden die Hauptpflichten des Netzbetreibers erst mit Abschluss des (Stromeinspeisungs-) Vertrags.[27]

## I Pflicht zum Vertragsschluss

§ 2 StrEG verpflichtete Netzbetreiber,[28] „den in ihrem Versorgungsgebiet erzeugten Strom aus erneuerbaren Energien abzunehmen und den eingespeisten Strom nach § 3 zu vergüten."[29] Für diese Bestimmung wurde zunächst überwiegend angenommen, dass sie einen mittelbaren Kontrahierungszwang, also nur eine Pflicht zum Vertragsschluss für Anlagen- und Netzbetreiber statuiere: § 2 StrEG 1990 begründe für den Netzbetreiber lediglich die „Verpflichtung, mit den begünstigten Stromerzeugern einen Vertrag abzuschließen".[30] Der Netzbetreiber müsse Strom aus Erneuerbaren Energien nur gegen Abschluss eines Stromeinspeisevertrages abnehmen und vergüten.[31] Zur Begründung zog das damals wegweisende Urteil des Oberlandesgerichts Koblenz vom 28.9.1999 u. a. die Vermeidung des Schadensersatzrisikos heran. Einen vertragslosen Zustand müsse der Netzbetreiber schon wegen der Haftungsrisiken nicht hinnehmen.[32] Auch sei ein Vertragsschluss nicht um jeden Preis zu erzwingen. Der Netzbetreiber könne vielmehr „grundsätzlich selbst bestimmen, zu welchen Konditionen und Modalitäten er zu einer Vertragsdurchführung bereit ist." Nur die missbräuchliche Weigerung, einen Vertrag zu schließen oder das Bestehen auf unbillige oder unzumutbare Voraussetzungen sei unzulässig. Der Vertragsschluss dürfe aber von bestimmten Vereinbarungen über die Strom-

---

27 Vgl. *Altrock/Oschmann/Theobald*, EEG, § 12 Rn. 4 m. w. Nachw.; *Salje*, Versorgungswirtschaft 2002, 77 f.
28 § 2 StrEG 1998 enthielt gegenüber § 2 StrEG 1990 die weitere Einschränkung, dass nur Elektrizitätsversorgungsunternehmen, die ein Netz für die allgemeine Versorgung betreiben, verpflichtet wurden.
29 Auch nach der Novellierung des StrEG durch das EEG 2000 ließ das Gesetz die Frage nach dem Kontrahierungszwang bzw. gesetzlichen Schuldverhältnis offen, da der Wortlaut des § 3 Abs. 1 S. 1 EEG 2000 weitgehend der Vorgängerregelung in § 2 Abs. 1 S. 1 StrEG 1998 entsprach. Allerdings wurde die Verpflichtung zum vorrangigen Anschluss der Anlage an das Netz neu aufgenommen. § 3 Abs. 1 S. 1 EEG 2000 lautete: „Netzbetreiber sind verpflichtet, Anlagen zur Erzeugung von Strom nach § 2 an ihr Netz anzuschließen, den gesamten angebotenen Strom aus diesen Anlagen vorrangig abzunehmen und den eingespeisten Strom nach §§ 4 bis 8 zu vergüten."
30 BGH, Urt. v. 29.9.1993 - VIII ZR 107/93, NJW-RR 1994, 175, 176; *Altrock*, Subventionierende Preisregelungen, S. 28 f.. Das AG Bergisch Gladbach, Urt. v. 8.5.2002 – 63 C 89/02, RdE 2002, 295 und Urt. v. 27.3.2003 – 63 O 383/02, RdE 2003, 218, begründete diese Ansicht später damit, dass die Lieferung von Strom aus privat betriebenen Stromerzeugungsanlagen gegen Bezahlung ein privates Kaufgeschäft sei, das den Abschluss eines entsprechenden schuldrechtlichen Vertrags voraussetze.
31 OLG Koblenz, Urt. v. 28.9.1999 - 1 U 1044/96, RdE 2000, 74, 75.
32 OLG Koblenz, Urt. v. 28.9.1999 - 1 U 1044/96, RdE 2000, 74, 75 f.

einspeisemodalitäten abhängig gemacht werden.[33] Die Rechtsprechung sah es als eine für das Zustandekommen eines Rechtsverhältnisses zwischen Anlagen- und Netzbetreiber essentielle Voraussetzung an, dass die Parteien sich über technische und rechtliche Einzelheiten einigen, die vom StrEG nicht geregelt waren. Auch hätte sich der Zielsetzung des StrEG nicht entnehmen lassen, „dass die verfassungsrechtlich geschützte Vertragsgestaltungsfreiheit der Versorgungsunternehmen stärker eingeschränkt werden sollte, als dies zur Erreichung der Ziele des Gesetzes erforderlich" sei.[34]

## II Forderungen nach zeitnaher Umsetzung

Diese Rechtsprechung wurde in zunehmenden Maße kritisiert: Wegen der häufig langwierigen Vertragsverhandlungen hätte sich der tatsächliche Anschluss der Anlagen vielfach verzögert. Damit sei oftmals nicht nur die Wirtschaftlichkeit der Anlagenerrichtung sondern auch der Gesetzeszweck gefährdet gewesen.[35] § 1 EEG 2000[36] formulierte als Gesetzesziel erstmals ausdrücklich: „Ziel dieses Gesetzes ist es, im Interesse des Klima- und Umweltschutzes eine nachhaltige Entwicklung der Energieversorgung zu ermöglichen und den Beitrag Erneuerbarer Energien an der Stromversorgung deutlich zu erhöhen, um entsprechend den Zielen der Europäischen Union und der Bundesrepublik Deutschland den Anteil Erneuerbarer Energien am gesamten Energieverbrauch bis zum Jahr 2010 mindestens zu verdoppeln." Wenn also die zeitnahe Erhöhung der Erneuerbaren Energien Gesetzeszweck war, sollte die Verzögerung von Anlagenerrichtung und Einspeisung von Strom aus Erneuerbaren Energien so weit wie möglich verhindert werden. Sofern die Netzbetreiber gar „Verzögerungstaktiken" in Form von vorherigen und langwierigen Vertragsverhandlungen verfolgen würden, müsse diesem Zustand im Interesse des Klima- und Umweltschutzes der Boden entzogen werden.[37]

Vor allem in der Literatur wurde daher die Ansicht vertreten, § 3 Abs. 1 S. 1 EEG 2000 statuiere ein gesetzliches Schuldverhältnis, dessen Inhalt durch die §§ 4 bis 8 EEG 2000 konkretisiert werde.[38] Die gesetzlichen Vorgaben des EEG 2000 hätten die Adressaten auf beiden Seiten nach persönlichen, sachlichen, örtlichen und zeitlichen Merkmalen ausreichend eingegrenzt und die Höhe der Einspeisevergütung fixiert. Alle wesentlichen Vertragsbestandteile – Parteien, Gegenstand, Preis – seien damit bereits im Gesetz geregelt.[39] Die gesetzlich präzise formulierten Hauptleistungspflichten würden einen Vertragsschluss zumindest hinsichtlich dieser Inhalte nicht erforderlich machen.[40]

---

33  OLG Koblenz, Urt. v. 28.9.1999 - 1 U 1044/96, RdE 2000, 74, 76; AG Bergisch Gladbach, Urt. v. 8.5.2002 – 63 C 89/02, RdE 2002, 295; AG Bergisch Gladbach, Urt. v. 27.3.2003 – 63 O 383/02, RdE 2003, 218.
34  OLG Koblenz, Urt. v. 28.9.1999 - 1 U 1044/96, RdE 2000, 74, 76.
35  *Salje*, Versorgungswirtschaft 2002, 77, 78; *Altrock/Oschmann/Theobald*, EEG, § 12 Rn. 4.
36  Gesetz für den Vorrang Erneuerbarer Energien vom 29. März 2000 (BGBl I 2000, 305).
37  *Altrock/Oschmann/Theobald*, EEG, § 12 Rn. 18 unter Bezugnahme auf das LG Frankfurt (Oder), Urt. v. 22.5.2001 – 31 O 25/01 ( n. v.).
38  *Salje*, Versorgungswirtschaft 2002, 77, 78 m. w. Nachw.
39  *Salje*, EEG (4. Aufl.), § 4 Rn. 74.
40  *Salje*, Versorgungswirtschaft 2002, 77, 78 m. w. Nachw.

## III Die Entscheidung des Bundesgerichtshofs vom 11. 6. 2003

In diesem sachlichen Zusammenhang hatte der BGH im Jahr 2003 über die Klage eines Anlagenbetreibers gegen einen Netzbetreiber zu befinden.[41] Mangels Einigung war zwischen den Parteien kein Stromeinspeisevertrag zustande gekommen. Dennoch begehrte der Anlagenbetreiber von dem Beklagten, Strom aus Erneuerbaren Energien abzunehmen und zu vergüten.

Obwohl diese Fallkonstellation sich für eine höchstrichterliche Entscheidung zu der Frage, ob die Grundpflichten des StrEG 1998 bzw. EEG 2000 zivilrechtsdogmatisch als Kontrahierungszwang oder als gesetzliches Schuldverhältnis zu qualifizieren waren, geradezu anbot, führte der BGH aus, das „Rechtsnatur und Inhalt der sich aus § 2 StrEG 1998 oder § 3 Abs. 1 EEG [2000] ergebenden Ansprüche [...] indessen keiner abschließenden Klärung" bedurft hätten.[42]

In der Entscheidung folgte der BGH dem Antrag des Klägers und brachte damit zum Ausdruck, dass sich aus dem StrEG 1998 bzw. EEG 2000 bereits einklagbare Ansprüche von Anlagenbetreibern gegen Netzbetreiber ergaben. Der Anlagenbetreiber könne den Netzbetreiber auch ohne Vertrag unmittelbar auf Anschluss, Abnahme und Vergütung verklagen.[43] Ebenso wie bereits die Literatur sah der BGH „ein praktisches Bedürfnis" für diese Konsequenz: Die Annahme lediglich eines Kontrahierungszwangs bedeutete, der Begünstigte, also im Regelfall der Anlagenbetreiber, müsste im Streitfall zunächst auf Zustimmung zum Vertragsschluss klagen. Erst nach rechtskräftiger Entscheidung über diesen Anschluss könnte der Verpflichtete, also der Netzbetreiber, auf Erfüllung der Leistung selbst aus dem Vertrag in Anspruch genommen werden. Die mit einem Kontrahierungszwang verbundenen Schwierigkeiten bei der Rechtsdurchsetzung würden auch bei einer Verbindung der Klage auf Vertragsschluss mit einer Klage auf künftige Leistung[44] weiter bestehen.[45] Die synallagmatischen Hauptleistungspflichten stünden hingegen durch §§ 2 und 3 StrEG 1998 bzw. §§ 3 und 4 ff. EEG 2000 fest oder würden in einer Verurteilung konkretisiert werden, so dass die unmittelbare Leistungsklage „keinen Bedenken" begegne.[46]

Auch wenn der BGH sich 2003 nicht ausdrücklich zu der Frage äußern wollte, ob zivilrechtsdogmatisch ein Kontrahierungszwang oder ein gesetzliches Schuldverhältnisses anzunehmen war, stellte die Entscheidung im Ergebnis die Hauptleistungspflichten des StrEG 1998 bzw. EEG 2000 zumindest in der prozessualen Durchsetzbarkeit einem gesetzlichen Schuldverhältnis gleich.[47]

---

41  BGH, Urt. v. 11.6.2003 – VIII ZR 160/02, NVwZ 2003, 1143 ff.
42  BGH, Urt. v. 11.6.2003 – VIII ZR 160/02, NVwZ 2003, 1143, 1147.
43  BGH, Urt. v. 11.6.2003 – VIII ZR 160/02, NVwZ 2003, 1143, 1144.
44  In Betracht käme eine Anspruchshäufung gem. § 260 ZPO und zwar in Form einer Verbindung mit einer Klage wegen Besorgnis nicht rechtzeitiger Leistung gem. § 259 ZPO.
45  BGH, Urt. v. 11.6.2003 – VIII ZR 160/02, NVwZ 2003, 1143, 1147.
46  BGH, Urt. v. 11.6.2003 – VIII ZR 160/02, NVwZ 2003, 1143, 1147.
47  *Altrock/Oschmann/Theobald*, EEG, § 12 Rn. 19.

## IV Die Regelung des § 12 Abs. 1 EEG 2004: gesetzliches Schuldverhältnis und Kopplungsverbot

In Kenntnis der Bundesgerichtshofs-Entscheidung vom 11. Juni 2003[48] und als Reaktion nahm der Gesetzgeber eine klarstellende Regelung in das EEG 2004 auf: Nach § 12 Abs. 1 dürfen Netzbetreiber die Erfüllung ihrer Verpflichtungen aus den §§ 4 und 5 nicht vom Abschluss eines Vertrages abhängig machen. In der Gesetzesbegründung heißt es: „Die Neuregelung stellt klar, dass im Sinne eines gesetzlichen Schuldverhältnisses ein unmittelbarer Anspruch des Anlagenbetreibers gegenüber dem Netzbetreiber auf Anschluss, Abnahme und ggf. Vergütung besteht und der Netzbetreiber deshalb die Erfüllung seiner Pflichten nicht vom Abschluss eines Vertrages abhängig machen darf."[49]

Damit traf der Gesetzgeber erstmals eine Regelung, die ausdrücklich auf Verträge zwischen Anlagen- und Netzbetreibern Bezug nimmt. Wenn die Leistungserfüllung nicht vom Abschluss eines Vertrages abhängig gemacht werden darf, bedeutet dies, dass sich nach Ansicht des Gesetzgebers die in Rede stehenden Pflichten bereits hinreichend präzise aus §§ 4 und 5 EEG 2004 ergeben.[50] Die dort geregelten Pflichten des Netzbetreibers entstehen, ohne dass die Parteien sich zuvor vertraglich über bestimmte Punkte, beispielsweise Haftungsfragen, Messverfahren etc., geeinigt haben.[51] Es besteht zwar eine – noch näher zu behandelnde – *Möglichkeit*, aber keine *Verpflichtung* zum Vertragsschluss.

§ 12 Abs. 1 EEG 2004 normiert damit ein *einseitig* verpflichtendes gesetzliches Schuldverhältnis, denn nur die Netzbetreiber dürfen die Erfüllung ihrer Verpflichtungen aus den §§ 4 und 5 nicht vom Abschluss eines Vertrages abhängig machen. Die von § 4 Abs. 4 EEG 2004 dem Einspeisewilligen auferlegte Pflicht zur Offenlegung von Anlagendaten fällt hingegen nicht unter das gesetzliche Schuldverhältnis. Dies ist aber auch nicht erforderlich. Denn der Anlagenbetreiber wird zum einen kein Interesse daran haben, durch Zurückhaltung von Informationen den Anschluss der Anlage an das Netz hinauszuzögern. Zum anderen stellt das Zurückhalten dieser Informationen kein geeignetes Druckmittel dar. Es kann davon ausgegangen werden, dass der Netzbetreiber zumindest kein eigenes Interesse hat, die Anlage möglichst schnell an sein Netz anzuschließen.

Die besondere Formulierung des § 12 Abs. 1 EEG 2004 mag auf die Erfahrungen bzw. Befürchtungen zurückzuführen sein, dass vorgeschaltete langwierige Vertragsverhandlungen die schnelle Erhöhung Erneuerbarer Energien in der Stromversorgung konterka-

---

48 Der Gesetzgeber nimmt in BT-Drs. 15/2864, Zu § 12, S. 45 ausdrücklich Bezug auf die Urteile des BGH v. 11.6.2003: „Auch höchstrichterliche Entscheidungen haben diese Regelung nicht entbehrlich gemacht, da dort ausdrücklich keine Aussage dazu getroffen wurde, ob das Erneuerbare-Energien-Gesetz lediglich den Anspruch auf Abschluss eines Einspeisevertrages vorschreibt oder ein gesetzliches Schuldverhältnis darstellt." Tatsächlich ergingen am 11.6.2003 gleich drei BGH-Urteile zum StrEG 1998 und EEG 2000 (Az. VIII ZR 322/02, VIII ZR 160/02 und VIII ZR 161/02).
49 BT-Drs. 15/2864, Zu § 12, S. 45.
50 *Reshöft/Steiner*, in: Hk-EEG, § 12 Rn. 6, 14.
51 *Altrock/Oschmann/Theobald*, EEG, § 12 Rn. 20; Danner/Theobald/*Oschmann*, Energierecht, EEG VI B 1 § 12 Rn.11, Stand: EL 53, April 2006.

rieren.[52] § 12 Abs. 1 EEG 2004 betont nämlich, dass ein Vertragsschluss nicht als *conditio sine qua non* gefordert werden darf. Dieses sog. Kopplungsverbot bedeutet aus Sicht des Anlagenbetreibers: Die Ansprüche aus §§ 4 und 5 EEG 2004 können *unmittelbar* verlangt werden, nicht erst nachdem ein Einspeisevertrag zwischen Anlagenbetreiber und Netzbetreiber geschlossen wurde.[53] Die uneingeschränkte Bezugnahme des § 12 Abs. 1 EEG auf §§ 4 und 5 konkretisiert den Umfang des gesetzlichen Schuldverhältnisses, so dass nicht nur die Anschluss-, Abnahme- und Vergütungspflicht, sondern beispielsweise auch die Netzverträglichkeitsprüfung nach § 4 Abs. 4 EEG 2004 nicht von einem Vertragsschluss abhängig gemacht werden darf.[54] Der Anlagenbetreiber kann sich also auf die ihm zustehende Freiheit zurückziehen, keinen Vertrag zu schließen.[55] Dennoch muss der Netzbetreiber seine ihm obliegenden Pflichten gegenüber dem Anlagenbetreiber erfüllen.[56]

## V Kein Vertragsverbot

§ 12 Abs. 1 EEG 2004 verbietet zwar dem Netzbetreiber, die Erfüllung seiner Pflichten aus den §§ 4 und 5 von dem erfolgreichen Abschluss eines Vertrages abhängig zu machen. Aber § 12 Abs. 1 EEG verbietet nicht, überhaupt Verträge, die die Verpflichtungen von Netzbetreibern nach §§ 4 und 5 EEG 2004 zum Inhalt haben, zu schließen. Derartige Verträge sind, soweit sie auf freiwilliger Basis zustande kommen, durchaus zulässig und grundsätzlich wirksam.[57] Auch der Gesetzgeber hielt den Abschluss eines Vertrages zur Regelung insbesondere von technischen Fragen der Einbindung einer Anlage in das Netz für „sinnvoll".[58]

Der Vertragsschluss muss jedoch unabhängig von der Leistungserbringung nach §§ 4 und 5 EEG 2004 erfolgen.[59] Parallel zu der Pflichterfüllung kann ein freiwilliger Vertrag also auch über die Anschluss-, Abnahme- und Vergütungspflichten geschlossen werden.[60] Sofern der Anlagenbetreiber zu einem solchen Vertragsschluss bereit ist, „wird es zweckmäßig sein, im Vertrag § 12 Abs. 1 in Bezug zu nehmen und die Freiwilligkeit des Vertragsschlusses zu betonen."[61]

---

52 Vgl. *Salje*, EEG (4. Aufl.), § 4 Rn. 74.
53 *Reshöft/Steiner*, in: Hk-EEG, § 12 Rn. 6, 14.
54 Vgl. die Aufzählung von *Salje*, EEG (4. Aufl.), § 12 Rn. 5.
55 Denn auch diese wird von der Vertragsabschlussfreiheit geschützt, s. *Murswiek*, in: Sachs (Hrsg.), Grundgesetz, 4. Aufl. 2007, Art. 2, Rn. 54 m. w. Nachw., insb. umfangreicher Rspr. des BVerfG.
56 *Salje*, EEG (4. Aufl.), § 12 Rn. 25.
57 *Salje*, EEG (4. Aufl.), § 12 Rn. 24; *Altrock/Oschmann/Theobald*, EEG, § 12 Rn. 5, 23 unter Bezugnahme auf die Gesetzesbegründung, BT-Drs. 15/2864, S. 45.
58 BT-Drs. 15/2864, S. 45.
59 *Salje*, EEG (4. Aufl.), § 12 Rn. 12.
60 *Salje*, EEG (4. Aufl.), § 12 Rn. 27. Anders als bei der Abnahme von Strom durch Tarifkunden kommt ein Vertragsschluss nach den Grundsätzen des faktischen Vertrags nicht in Betracht, da es sich bei der Stromeinspeisung aus Anlagen zur Erzeugung von Strom aus Erneuerbaren Energien nicht um Massengeschäfte handelt; s. OLG Koblenz, Urt. v. 28.9.1999 - 1 U 1044/96, RdE 2000, 74, 75.
61 *Salje*, EEG (4. Aufl.), § 12 Rn. 29.

## VI Zusammenfassung

Der mit der gesetzlichen Förderung der Erneuerbaren Energien verbundene Eingriff in die Vertragsfreiheit der Netzbetreiber löste eine jahrelange Diskussion um die Rechtsnatur und den Inhalt der Hauptpflichten aus. Erst mit der Novellierung durch das EEG 2004 wurde dem Rechtsverhältnis von Anlagen- und Netzbetreiber unmissverständlich ein gesetzliches Schuldverhältnis zu Grunde gelegt.

Vertragliche Abschluss- und Gestaltungsfreiheit wurden so weitgehend zugunsten eines gesetzlichen Schuldverhältnisses ersetzt. Für das Vertragsverhältnis zwischen Anlagen- und Netzbetreiber bedeutet dies: Zwar darf der Netzbetreiber nach § 12 Abs. 1 EEG 2004 die Erbringung seiner Hauptpflichten gegenüber dem Anlagenbetreiber nicht mehr von einem vorherigen Vertragsschluss abhängig machen; sofern die Leistungserbringung jedoch nicht an einen Vertragsschluss gekoppelt ist, ist die Aushandlung von Verträgen auf freiwilliger Basis nach wie vor möglich und unter Umständen sinnvoll – grundsätzlich auch dann, wenn der Vertrag die Hauptpflichten des Netzbetreibers nach §§ 4 und 5 EEG 2004 zum Gegenstand hat.

Darin liegt aber keine Aussage über die Zulässigkeit einzelner vertraglicher Vereinbarungen. Inwieweit inhaltlich von den gesetzlichen Vorgaben abgewichen werden darf, ist im konkreten Fall gesondert zu bestimmen.

## C Zivilrechtliche Grenzen der Vertragsfreiheit

Lässt die gesetzliche Förderung der Erneuerbaren Energien nach dem EEG 2004 grundsätzlich Raum für vertragliche Vereinbarungen – sowohl über die Haupt- als auch Nebenpflichten –, so stellt sich dennoch die Frage, welchen rechtlichen Rahmen vertragliche Vereinbarungen beachten müssen. Im Folgenden soll dargestellt werden, welchen grundsätzlichen Grenzen die Vertragsfreiheit auf zivilrechtlicher Ebene begegnet. Denn diese Rahmenbedingungen sind von Bedeutung für den Spielraum, den das EEG 2004 vertraglichen Vereinbarungen belässt.

### I Richtigkeitsgewähr von Verträgen und Vertragsparität

Der Grundsatz der Vertragsfreiheit geht davon aus, dass Vertragsparteien jeweils selbst ihre Interessen am besten in die Vertragsverhandlungen einfließen lassen können.[62] Ebenso können die Vertragsparteien jeweils selbst auch am besten entscheiden, welche Opfer und Risiken sie einzugehen bereit sind, um ihre Ziele zu erreichen. Vor diesem Hintergrund ist eine von den Parteien einvernehmlich gesetzte Regelung grundsätzlich das Ergebnis eines gerechten Interessenausgleichs.[63] Im gegenseitigen Vertrag findet so jede Vertragspartei ihren Vorteil und keine Partei wird unverhältnismäßig benachtei-

---

62 Vgl. *Larenz*, Lehrbuch des Schuldrechts, Bd I, S. 77.
63 *Fikentscher/Heinemann*, Schuldrecht, Rn. 117, vgl. auch *Larenz*, Lehrbuch des Schuldrechts, Bd I, S. 76.

ligt.[64] Die vertragliche Vereinbarung kann dann gesetzliche Regelungen verbindlich ersetzen, eine Regelung der Rechtsbeziehungen zwischen den Parteien durch Gesetz ist grundsätzlich nicht erforderlich.[65]
Allerdings setzt solch ein gerechter, sich quasi von selbst einstellender Interessenausgleich voraus, dass die Vertragpartner sich ebenbürtig gegenüberstehen, die Mächte gleich verteilt sind.[66] Eine wirtschaftliche Überlegenheit eines der beiden Vertragspartner kann dazu führen, dass sich der Interessenausgleich zu seinen Gunsten verschiebt.[67] Während die schwächere Partei ein starkes Interesse daran hat, dass überhaupt ein Vertrag über bestimmte Leistungen geschlossen wird, kann die stärkere Partei besonderen Einfluss auf für sie günstige Faktoren nehmen. Mit anderen Worten: Wer nicht auf den Vertrag mit dem anderen angewiesen ist, kann die Vertragsbedingungen seinen Vorstellungen entsprechend beeinflussen, evtl. gar diktieren – insbesondere auch zum Nachteil der schwächeren Vertragspartei. Vertragsfreiheit in den Händen eines wirtschaftlich überlegenen Vertragspartners kann insofern ein Machtinstrument sein.[68] Besondere Umstände finden sich auch dort, wo ein freier Markt sich nicht entfaltet, weil eine bestimmte Leistung nur von wenigen Anbietern oder gar von einem Monopolisten angeboten wird. Hier werden die grundlegenden Voraussetzungen einer auf Interessenausgleich beruhenden Vertragsfreiheit nicht erfüllt.[69] Ein wirtschaftliches Machtgefälle zwischen den Vertragsparteien gefährdet die mit dem Vertrag typischerweise verbundene Richtigkeitsgewähr.[70]
Um dies zu verhindern und Vertragsgerechtigkeit wieder herzustellen, übernehmen Gesetz und Rechtsprechung eine Ordnungsfunktion:[71] Der Vertragsfreiheit werden auf zivilrechtlicher Ebene durch zwingende Normen, den Grundsatz von Treu und Glauben (§ 242 BGB) und den §§ 134, 138, 307 ff. BGB Grenzen gesetzt.[72]
Auch Anlagen- und Netzbetreibern ist es selbstverständlich nicht möglich, eine vertragliche Vereinbarung zu treffen, die diesen Normen widerspricht. Der bereits erörterte Eingriff des EEG in die Vertragsfreiheit der Netzbetreiber erfährt dadurch auch auf zivilrechtlicher Ebene Umsetzung. Anders formuliert: Es wird gewährleistet, dass die mit dem EEG verfolgten Ziele nicht durch Vereinbarungen auf zivilrechtlicher Ebene umgangen werden können.

---

64 *Larenz*, Lehrbuch des Schuldrechts, Bd I, S. 78.
65 Vgl. *Brox/Walker*, AT, Rn. 74.
66 *Münch/Komm/Kramer*, BGB, Bd. 1, 5. Aufl. München 2006, Vor § 145 Rn. 3; *Fikentscher/Heinemann*, Schuldrecht, Rn. 117.
67 Vgl. *Fikentscher/Heinemann*, Schuldrecht, Rn. 117; *Köhler*, BGB Allgemeiner Teil, § 3 Rn. 25; *Larenz*, Lehrbuch des Schuldrechts, Bd I, S. 78; *Köhler*, BGB Allgemeiner Teil, § 3 Rn. 25; Palandt/*Heinrichs*, Bürgerliches Gesetzbuch, 67. Auflage 2008, Einf. v. § 145 Rn. 13.
68 Palandt/*Heinrichs*, Bürgerliches Gesetzbuch, 67. Auflage 2008, Einf. v. § 145 Rn. 7.
69 *Kittner*, Schuldrecht, Rn. 1132.
70 Palandt/*Heinrichs*, Bürgerliches Gesetzbuch, 67. Auflage 2008, Einf. v. § 145 Rn. 13.
71 Palandt/*Heinrichs*, Bürgerliches Gesetzbuch, 67. Auflage 2008, Einf. v. § 145 Rn. 7, 13; *Brox/Walker*, AT, Rn. 35.
72 Vgl. Palandt/*Heinrichs*, Bürgerliches Gesetzbuch, 67. Auflage 2008, Einf. v. § 145 Rn. 13; *Larenz*, Lehrbuch des Schuldrechts, Bd I, S. 77, 78, 79.

Im Schrifttum werden die zivilrechtlichen Einschränkungen der Vertragsfreiheit anhand der Schrankentrias des Art. 2 Abs. 1 GG gerechtfertigt. Schließlich wird die Vertragsfreiheit als besondere Ausprägung der Privatautonomie auch in Art. 2 Abs. 1 GG verbürgt. Bei der gesetzlichen Förderung der Erneuerbaren Energien gibt es jedoch eine Besonderheit: Die Vertragsfreiheit der Netzbetreiber wird als Berufsausübungsfreiheit durch Art. 12 Abs. 1 GG geschützt. Beiden Grundrechten ist gleich, dass ihre Ausübung nicht mit der Ausübung der Grundrechte anderer kollidieren darf. Verfassungsimmanente Schranken rechtfertigen also die Einschränkung der Vertragsfreiheit unabhängig davon, ob sie aus Art. 2 Abs. 1 GG oder aus Art. 12 Abs. 1 GG herzuleiten ist.[73]

Ein Netzbetreiber befindet sich auf Grund seines natürlichen Netzmonopols in einer dem Anlagenbetreiber wirtschaftlich überlegenen Position: Der Betreiber von Anlagen zur Erzeugung von Strom aus Erneuerbaren Energien ist darauf angewiesen, dass sein Strom in das Netz der allgemeinen Versorgung[74] aufgenommen wird, um die gesetzlich garantierte Mindestvergütung dafür erhalten zu können. Der Netzbetreiber hingegen ist nicht darauf angewiesen, die über sein Stromnetz transportierte Energie aus Erneuerbaren-Energien-Anlagen zu beziehen. Er hat die Wahl zwischen verschiedenen Stromerzeugern, zu denen auch die für ihn wirtschaftlich günstigeren konventionellen Kraftwerke zählen.

Soweit aber auf Grund der gegebenen Umstände dennoch Verträge zwischen einem Erneuerbare-Energien-Anlagenbetreiber und einem Netzbetreiber geschlossen werden, muss sichergestellt werden, dass sie einen echten Interessenausgleich herbeiführen können. Würde man die Vertragsgestaltung allein den Parteien überlassen, wäre nicht gewährleistet, dass der Anlagenbetreiber als wirtschaftlich und informationell unterlegene Partei auch das vereinbart, was seinem wirklichen Interesse entspricht. Es besteht die Gefahr, dass er sich auf einen für ihn ungünstigen Vertrag einlässt. In so einer Situation kann – wie oben bereits dargelegt – nicht von der Richtigkeitsgewähr des Vertrages ausgegangen werden.

Die zivilrechtliche Einschränkung der Vertragsfreiheit findet also auch in der Vertragsbeziehung zwischen dem Betreiber einer Erneuerbaren-Energien-Anlage und dem Netzbetreiber seine Rechtfertigung in der Vertragsfreiheit des jeweils anderen. Die Grenze ist der Freiheitsraum des Vertragspartners.[75] Sie gewährleistet damit, dass beide Vertragspartner ihre Selbstbestimmung ausüben können.[76] Nur so kann gewährleistet werden, dass Selbstbestimmung des einen nicht zur schrankenlosen Fremdbestimmung des anderen wird[77] und nur so wird Missbrauch verhindert.[78]

---

73 Vgl. statt vieler nur: *Jarass/Pieroth*, GG Kommentar, 9. Auflage 2007, Vorb. vor Art. 1 Rn. 45.
74 „Netz" im Sinne des EEG 2004 ist nach dessen § 3 Abs. 6 die Gesamtheit der miteinander verbundenen technischen Einrichtungen zur Übertragung und Verteilung von Elektrizität für die allgemeine Versorgung. Auch sind nach § 3 Abs. 7 EEG 2004 nur solche Netzbetreiber Adressaten der Regelungen, die Netze aller Spannungsebenen für die allgemeine Versorgung mit Elektrizität betreiben.
75 *Brox/Walker*, AT, Rn. 74.
76 *Larenz*, Lehrbuch des Schuldrechts, Bd I, S. 61.
77 Vgl. BVerfG, Beschl. v. 19.10.1993 – 1 BvR 567/89 u.a. (Bürgschaft), NJW 1994, 36, 38; Reich, JZ 1997, 609 umschreibt die Vertragsfreiheit insoweit treffend mit dem „Schutz *von* Selbstbestimmung und Schutz *vor* Fremdbestimmung".

Der Schutz der wirtschaftlich schwächeren Vertragspartei gewährleistet, dass diese ihre Interessen in einen gerechten Ausgleich mit den Interessen der anderen Vertragspartei einfließen lassen kann. Mit Sicherheit liegt es im Interesse der Anlagenbetreiber, möglichst hohe finanzielle Gewinne aus der Einspeisung von Strom aus Erneuerbaren Energien zu erwirtschaften. Die Gewinnhöhe ist dabei abhängig von der eingespeisten Strommenge. Wenn dem Anlagenbetreiber eine dem Netzbetreiber ebenbürtige Verhandlungsposition eingeräumt wird, wird dadurch auch das eigentliche Ziel des EEG, nämlich die Erhöhung des Anteils Erneuerbarer Energien an der Stromversorgung, unterstützt. Die zivilrechtlichen Einschränkungen der Vertragsfreiheit dienen insofern auch dem Schutz von übergeordneten Interessen der Allgemeinheit.[79]

Andererseits dürfen die Einschränkungen der Vertragsfreiheit nicht weiter gehen, als dies durch die zivilrechtlichen Vorgaben geschehen ist. Sie markieren insofern nur die Mindestanforderungen, die für die Vertragsparität verlangt werden dürfen. Das Zivilrecht will nur ungewöhnlich starke Belastungen vermeiden.[80] Im Übrigen sind die vertraglichen Vereinbarungen der Parteien als solche zu respektieren. Die Rechtsordnung muss es grundsätzlich den Vertragsschließenden „selbst überlassen, ihre Interessen richtig einzuschätzen und bei der Festsetzung des Vertragsinhalts wahrzunehmen."[81] Über die allgemeinen Regeln des Zivilrechts hinaus muss der Rückgriff auf weitere Nichtigkeitsgründe verwehrt bleiben.[82]

## II Grenzen der Inhaltsfreiheit

Nachdem sich der Gesetzgeber gegen einen Kontrahierungszwang entschieden hat, sind Anlagen- und Netzbetreiber nunmehr frei zu entscheiden, ob sie neben dem ohnehin bestehenden gesetzlichen Schuldverhältnis einen Vertrag abschließen oder nicht. Dennoch sind den Vertragsinhalten zivilrechtliche Grenzen gezogen.

### 1. Dispositives und zwingendes Recht

#### a) Erscheinungsformen

Der Grundsatz der Vertragsfreiheit erlaubt, Rechtverhältnisse abweichend vom Gesetz zu regeln. Abweichende Vereinbarungen sind zulässig, soweit die abbedungenen Vorschriften dispositives Recht darstellen.[83] Die Vertragsparteien können dadurch ihre

---

78 *Musielak*, Grundkurs BGB, 10. Aufl. 2007, S. 47 Rn. 98.
79 Vgl. *Musielak*, Examenskurs BGB, S. 1 Rn. 2.
80 *Fikentscher/Heinemann*, Schuldrecht, Rn. 117.
81 *Larenz*, Lehrbuch des Schuldrechts, Bd I, S. 79.
82 Insbesondere wäre der Rückgriff auf die „mangelnde Vertragsparität" als solche schwer messbar und ebenso schwer anwendbar. U. a. mit diesem Argument wendet sich *Adomeit*, NJW 1994, 2467 ff., in einem Kommentar zur Bürgschafts-Entscheidung des BVerfG v. 19.10.1993 nachdrücklich und überzeugend gegen einen direkt aus der Verfassung abgeleiteten Nichtigkeitsgrund für Verträge, die das Ergebnis strukturell ungleicher Verhandlungsstärke sind.
83 *Larenz/Wolf*, Allgemeiner Teil des Bürgerlichen Rechts, § 3, Rn. 95.

individuelle Vereinbarung speziellen Bedürfnissen, nicht vorausgesehenen Situationen und besonderen Interessenslagen sowie künftigen Veränderungen anpassen. Dispositives Recht bietet ein Muster für bestimmte Vertragsarten. Dadurch, dass von diesem Muster abgewichen werden kann, bietet sich den Vertragspartnern bedarfsgerechte Flexibilität.[84]

Allerdings ist es den Parteien nicht möglich, Regelungen abweichend von *zwingenden* Normen zu vereinbaren. Diese Normen können durch den Willen der Vertragsparteien weder ausgeschlossen noch abgeändert werden. Vertragsfreiheit existiert insoweit nicht.[85]

Als dritte Erscheinungsform stellen sog. halbzwingende Normen eine Art Zwischenform zwischen dispositivem und zwingendem Recht dar. Diese Vorschriften sind nicht in ihrem ganzen Inhalt sondern nur teilweise zwingend. In der Regel schützen sie eine in der Verhandlungsposition typischerweise schwächere Vertragspartei.[86] Je nach dem Inhalt, der zwingend ist, wird unterschieden zwischen subjektiv und objektiv halbzwingenden Normen: Subjektiv halbzwingend ist eine Vorschrift, wenn sie generell zum Schutz des schwächeren Vertragspartners unabdingbar ist. Es darf dann zum Vorteil, nicht aber zum Nachteil des schutzbedürftigen Vertragspartners abgewichen werden,[87] und zwar auch dann nicht, wenn dieser sich einverstanden erklärt.[88] Objektiv halbzwingend ist eine Vorschrift, wenn sie nicht vollinhaltlich, sondern nur bezüglich eines gewissen Kernbestandes unabdingbar ist.[89]

### b) Abgrenzung

Ob eine Norm dispositiv oder zwingend ist, lässt sich nicht allgemeingültig bestimmen, sondern muss anhand ihres konkreten Regelungsgehalts festgestellt werden.[90] Der eindeutig zwingende bzw. dispositive Charakter einer Rechtsvorschrift kann bereits ausdrücklich aus ihrem Wortlaut[91] hervorgehen. So ist eine Norm abdingbar, wenn z.B. den Parteien eine Regelungsbefugnis ausdrücklich eingeräumt wird oder eine Gesetzesbestimmung nur „im Zweifel" gilt.[92]

Soweit nach dem Wortlaut nicht klar erkennbar ist, ob die Vertragsparteien von der Norm abweichen dürfen oder nicht, kann sich dies aus dem Norm*zweck* durch Ausle-

---

[84] *Larenz*, Lehrbuch des Schuldrechts, Bd I, S. 53.
[85] *Brox/Walker*, AT, Rn. 35; *Larenz*, Lehrbuch des Schuldrechts, Bd I, S. 51; *Musielak*, Examenskurs BGB, S. 5 Rn. 7.
[86] *Larenz/Wolf*, Allgemeiner Teil des Bürgerlichen Rechts, § 3, Rn. 104.
[87] *Larenz/Wolf*, Allgemeiner Teil des Bürgerlichen Rechts, § 3, Rn. 105; *Köhler*, BGB Allgemeiner Teil, § 3 Rn. 23.
[88] *Fikentscher/Heinemann*, Schuldrecht, Rn. 152.
[89] *Larenz/Wolf*, Allgemeiner Teil des Bürgerlichen Rechts, § 3, Rn. 106.
[90] *Musielak*, Grundkurs BGB, 10. Aufl. 2007, S. 49 Rn. 100.
[91] Z.B.: § 248 Abs. 1 BGB: „Eine im Voraus getroffene Vereinbarung, dass fällige Zinsen wieder Zinsen tragen sollen, ist nichtig." Oder als Beispiel für eine halbzwingende Norm: § 276 Abs. 3 BGB: „Die Haftung wegen Vorsatzes kann dem Schuldner nicht im Voraus erlassen werden.".
[92] *Köhler*, BGB Allgemeiner Teil, § 3 Rn. 23.

gung ergeben.[93] Dispositives Recht ist grundsätzlich anzunehmen, wenn die Norm, von der abgewichen werden soll, ausschließlich die Interessen der Vertragsparteien betrifft.[94] So sind beispielsweise die Interessen der Vertragsparteien grundsätzlich Regelungsgegenstand der Normen des Schuldrechts. Im Schuldrecht überwiegen dispositive Normen daher bei weitem und zwingende Normen stellen die Ausnahme dar. Den Parteien bleibt hier Durchsetzung und Schutz ihrer Interessen selbst überlassen.[95]
Dagegen sprechen folgende Aspekte für einen zwingenden Charakter:
- Nach dem Normzweck werden nicht nur die Interessen der Vertragsparteien sondern auch die Interessen Dritter berührt.[96]
- Der Regelungsinhalt wird eingeleitet durch verbindliche Ausdrücke wie z.B. „kann nicht", „darf nicht", „muss".[97]
- Der von der Norm Begünstigte ist besonders schutzwürdig. Grobe Ungerechtigkeiten sollen vermieden werden.[98]
- Die Norm regelt die Voraussetzungen der Vertragsfreiheit bzw. Privatautonomie.[99]
- Die Norm gewährleistet die Sicherheit des Rechtsverkehrs.[100]

Die aufgeführten Kriterien bieten Anhaltspunkte für die Unabdingbarkeit einer Norm. Stets ist jedoch nach dem Normzweck zu ermitteln, ob die Anwendung der Norm geboten ist, und zwar ungeachtet des Parteiwillens. Können Zweifel am zwingenden Charakter nicht ausgeräumt werden, ist mit Rücksicht auf die grundgesetzlich geschützte Vertragsfreiheit dispositives Recht anzunehmen.[101]

### c) Rechtsfolge bei Abweichen von einer zwingenden Norm

Da zwingende Normen von den Parteien nicht abbedungen werden dürfen, schränken sie die Gestaltungsfreiheit der Vertragsparteien von vornherein ein. Eine Vereinbarung,

---

93 *Fikentscher/Heinemann*, Schuldrecht, Rn. 115, 152; *Brox/Walker*, AT, Rn. 35; *Medicus*, Schuldrecht I, 17. Aufl. 2006, Rn. 86, 88; *Köhler*, BGB Allgemeiner Teil, § 3 Rn. 23; *Larenz/Wolf*, Allgemeiner Teil des Bürgerlichen Rechts, § 3, Rn. 96.
94 *Larenz/Wolf*, Allgemeiner Teil des Bürgerlichen Rechts, § 3, Rn. 96.
95 *Larenz/Wolf*, Allgemeiner Teil des Bürgerlichen Rechts, § 3, Rn. 97; *Musielak*, Examenskurs BGB, S. 5 Rn. 7; zwingende Normen des Schuldrechts finden sich allenfalls dort, wo der Gesetzgeber aus Gründen der ausgleichenden Gerechtigkeit oder zum Schutz des sozial schwächeren Vertragspartners eine abweichende Vereinbarung nicht zulassen wollte; s. *Larenz*, Lehrbuch des Schuldrechts, Bd I, S. 51 f.
96 *Musielak*, Examenskurs BGB, S. 5 Rn. 7; *Larenz*, Lehrbuch des Schuldrechts, Bd I, S. 52; *Larenz/Wolf*, Allgemeiner Teil des Bürgerlichen Rechts, § 3, Rn. 102.
97 *Fikentscher/Heinemann*, Schuldrecht, Rn. 152; *Larenz/Wolf*, Allgemeiner Teil des Bürgerlichen Rechts, § 3, Rn. 103.
98 *Fikentscher/Heinemann*, Schuldrecht, Rn. 152; *Larenz/Wolf*, Allgemeiner Teil des Bürgerlichen Rechts, § 3, Rn. 102.
99 *Larenz/Wolf*, Allgemeiner Teil des Bürgerlichen Rechts, § 3, Rn. 102 und Fn. 85 m. w. Nachw., wo es heißt, dass zwingende Normen auch solche sind, die „lediglich die Gültigkeitsvoraussetzungen bestimmter Rechtsakte – deren Vornahme oder Nichtvornahme freigestellt bleibt – festsetzen."
100 *Larenz/Wolf*, Allgemeiner Teil des Bürgerlichen Rechts, § 3, Rn. 102 unter Hinweis auf den numerus clausus des Sachenrechts.
101 Vgl. *Medicus*, Schuldrecht I, 17. Aufl. 2006, Rn. 88.

die dennoch von zwingenden gesetzlichen Vorgaben abweicht, kann keine Rechtswirkungen entfalten. Das Gesetz lässt für solche Geschäfte keinen Raum.[102] Kann ein Rechtsgeschäft die nach seinem Inhalt bezweckten Rechtswirkungen von Anfang an nicht hervorbringen, ist es nichtig.[103] Bei Verstoß gegen zwingendes Recht kommt die vertragliche Vereinbarung also bereits wegen der fehlenden Gestaltungsmacht der Parteien nicht zustande.[104] Wenn Parteien in einem Vertrag von einer zwingenden Norm abweichen, ist zumindest diese Klausel nichtig. Ob sich dies auf den gesamten Vertrag auswirkt, ist dann nach § 139 BGB zu beurteilen. Demnach ist ein Rechtsgeschäft als Ganzes nichtig, wenn nicht anzunehmen ist, dass es auch ohne den nichtigen Teil vorgenommen sein würde.

## 2. Gesetzlich verbotene Rechtsgeschäfte (§ 134 BGB)

Nach § 134 BGB ist ein Rechtsgeschäft nichtig, das gegen ein gesetzliches Verbot verstößt, wenn sich nicht aus dem Gesetz ein anderes ergibt. Das gesetzliche Verbot im Sinne des § 134 BGB muss nicht ausdrücklich angeordnet werden. Es kann sich auch aus dem Sinn und Zweck der Vorschrift ergeben.[105] In der Regel ist ein Verbotsgesetz anzunehmen, wenn die Vorschrift den *Inhalt* des Rechtsgeschäfts missbilligt.[106] Aber auch für die Nichtigkeitsfolge des § 134 BGB gilt, dass diese nur eintritt, „wenn sich nicht aus dem Gesetz ein anderes ergibt." In der Regel ist also durch Auslegung zu ermitteln, ob das Rechtsgeschäft nichtig ist oder nicht.[107] Entscheidend ist im Wesentlichen, ob ein Verstoß gegen das Verbot nach Sinn und Zweck der Norm zur Nichtigkeit des Rechtsgeschäfts führen soll.[108]

Nach der Rechtsprechung ist in diesem Zusammenhang zu unterscheiden zwischen Verboten, die sich nur an einen Vertragsteil wenden und solchen, die für beide Teile gelten. Ein Verstoß gegen sog. beiderseitige Verbotsgesetze führt grundsätzlich zur Nichtigkeit des Rechtsgeschäfts,[109] da von der Normrichtung im Zweifel auf den Normzweck geschlossen werden kann.[110]

Verstöße gegen einseitige Verbotsgesetze, die das Rechtsgeschäft nur für einen Teil verbieten, führen hingegen nicht grundsätzlich zur Nichtigkeit des vorgenommenen Rechtsgeschäfts. Das Rechtsgeschäft ist in der Regel gültig.[111] Auch bei einseitigen

---

102 *Medicus*, Allgemeiner Teil des BGB, 9. Aufl. 2006, S. 251 f. Rn. 645; *Flume* AT II § 17 S. 343.
103 So die Definition der Nichtigkeit in Palandt/*Heinrichs*, Bürgerliches Gesetzbuch, 67. Auflage 2008, Überbl. v. § 104, Rn. 27.
104 *Medicus*, Allgemeiner Teil des BGB, 9. Aufl. 2006, S. 251 f. Rn. 645; *Flume* AT II § 17 S. 343; *Musielak*, Examenskurs BGB, S. 6 Rn. 9.
105 BGH, Urt. v. 19.12.1968 - VII ZR 83, 84/66, NJW, 1969, 750, 751.
106 *Köhler*, BGB Allgemeiner Teil, § 3 Rn. 23.
107 Palandt/*Heinrichs*, Bürgerliches Gesetzbuch, 67. Auflage 2008, § 134 Rn. 6.
108 Palandt/*Heinrichs*, Bürgerliches Gesetzbuch, 67. Auflage 2008, § 134 Rn. 7.
109 BGH, Urt. v. 27.6.2007 - VIII ZR 149/06, ZNER 2007, 323, 325 m. w. Nachw. auf die umfangreiche Rspr. des BGH.
110 Palandt/*Heinrichs*, Bürgerliches Gesetzbuch, 67. Auflage 2008, § 134 Rn. 8.
111 BGH, Urt. v. 27.6.2007 - VIII ZR 149/06, ZNER 2007, 323, 325 m. w. Nachw. auf die umfangreiche Rspr. des BGH.

Verbotsgesetzen ist der Sinn und Zweck der Verbotsnorm entscheidend: „Wenn es mit dem Zweck des Verbotsgesetzes unvereinbar wäre, die durch das Rechtsgeschäft getroffene Regelung hinzunehmen und bestehen zu lassen", tritt auch hier die Nichtigkeitsfolge ein.[112]

### 3. Abgrenzung von zwingenden Normen und gesetzlichen Verboten

Häufig wird angenommen, dass der Vertragsschluss entgegen einer zwingenden Norm die Rechtsfolge des § 134 BGB nach sich zieht.[113] Hier ist jedoch genauer zu differenzieren:
Zwingendes Recht verlangt von den Vertragsparteien, bei der vertraglichen Vereinbarung bestimmte gesetzliche Vorgaben zu beachten.[114] Es ist darauf gerichtet, ein Rechtsverhältnis direkt zu regeln mit dem Ziel, die Privatautonomie auszuschließen.[115] Zwingendes Recht verbietet im Regelfall nicht ein bestimmtes Verhalten, sondern beschränkt sich darauf, eine abweichende Vereinbarung für unwirksam zu erklären.[116] Die Parteien *können* rechtlich nicht über zwingende Vorgaben disponieren.
Verbotsgesetze hingegen beziehen sich im Regelfall nicht direkt auf die Privatautonomie sondern wollen ein bestimmtes Verhalten verhindern.[117] Der Adressat *darf* das Verbot nicht verletzen.[118] Verbotsgesetze lassen der Privatautonomie insofern mehr Raum als das zwingende Recht.[119] Verbotsgesetze und zwingende Normen verfolgen demnach unterschiedliche Zielrichtungen.
Der grundlegende Unterschied zwischen beiden Normarten wird bei der Rechtsfolge evident und relevant: Eine Vereinbarung, die gegen zwingendes Recht verstößt, kann von vornherein keine Wirkung entfalten und ist insofern unweigerlich nichtig. Bei Verstoß gegen ein gesetzliches Verbot entscheidet gem. § 134 BGB erst der Gesetzeszweck, ob das Rechtsgeschäft unwirksam ist oder nicht.

### 4. Gegenüber Allgemeinen Geschäftsbedingungen zwingendes Recht

Neben dem für jegliche vertragliche Vereinbarung zwingenden Recht, stellen die zivilrechtlichen Regelungen besondere Anforderungen an Allgemeine Geschäftsbedingungen.

---

112 BGH, Urt. v. 27.6.2007, VIII ZR 149/06, ZNER 2007, 323, 325 m. w. Nachw.; Palandt/*Heinrichs*, Bürgerliches Gesetzbuch, 67. Auflage 2008, § 134 Rn. 9; *Musielak*, Examenskurs BGB, S. 6 Rn. 9 m. w. Nachw.
113 So OLG Hamm, Urt. v. 6.3.2006 - 17 U 117/05, RdE 2006, 354; OLG Koblenz, Urt. v. 20.11.2006 – 12 U 87/06, ZNER 2007, 71, 72; LG Hannover, Urt. v. 15.3.2006 - 6 O 289/05, RdE 2006, 322, 324; *Fikentscher/Heinemann*, Schuldrecht, Rn. 115.
114 *Musielak*, Grundkurs BGB, 10. Aufl. 2007, S. 48 Rn. 98.
115 *Larenz/Wolf*, Allgemeiner Teil des Bürgerlichen Rechts, § 40, Rn. 2; *Flume* AT II § 17 S. 343.
116 *Larenz/Wolf*, Allgemeiner Teil des Bürgerlichen Rechts, § 40, Rn. 2.
117 *Larenz/Wolf*, Allgemeiner Teil des Bürgerlichen Rechts, § 40, Rn. 2; *Flume* AT II § 17 S. 343.
118 *Musielak*, Grundkurs BGB, 10. Aufl. 2007, S. 48 Rn. 98.
119 *Larenz/Wolf*, Allgemeiner Teil des Bürgerlichen Rechts, § 40, Rn. 2.

§ 305 Abs. 1 S. 1 BGB definiert Allgemeine Geschäftsbedingungen als alle für eine Vielzahl von Verträgen vorformulierten Vertragsbedingungen, die eine Vertragspartei (Verwender) der anderen Vertragspartei bei Abschluss eines Vertrags stellt.
Bereits an der Verwendung von Allgemeinen Geschäftsbedingungen ist grundsätzlich eine unterschiedliche Verhandlungsposition der Vertragspartner zu erkennen. „Wer Vertragsbedingungen im voraus für eine Vielzahl von Verträgen vorformuliert, gibt damit im Regelfall zu erkennen, dass er auf Verhandlungen nicht angewiesen ist und, wenn die AGB ohne Änderung mehrfach verwendet werden, auch die notwendige Verhandlungsmacht besitzt, die einseitig aufgestellten Bedingungen durchzusetzen."[120]
Wer also vorformulierte Allgemeine Geschäftsbedingungen in den Vertrag einführt, ist in der Regel wirtschaftlich und informationell überlegen.[121]
Auch bei Verträgen zwischen Anlagen- und Netzbetreiber wird der Vertragsschluss meist von Seiten der Netzbetreiber unter Einbeziehung Allgemeiner Geschäftsbedingungen angeboten.[122] In der Praxis spielt die Vertragskontrolle gem. §§ 305 ff. BGB daher eine bedeutsame Rolle.

## 5. Weitere Beschränkungen der Vertragsgestaltungsfreiheit

Als weitere Grenzen der inhaltlichen Gestaltung von Verträgen sind § 138 Abs. 1 BGB und § 242 BGB zu beachten.
Nach § 138 Abs. 1 BGB ist ein Rechtsgeschäft nichtig, das gegen die guten Sitten verstößt. In besonders gelagerten Fällen könnte diese Norm auch auf das Vertragsverhältnis von Anlagen- und Netzbetreiber Anwendung finden. Denn die sittenwidrige Ausnutzung der Monopol- und damit Machtstellung ist zumindest denkbar.[123]
Das Gebot von Treu und Glauben findet auf vertragliche Beziehungen und das gesetzliche Schuldverhältnis zwischen Anlagen- und Netzbetreiber gleichermaßen Anwendung.[124] Die formale Ausnutzung einer Rechtsstellung oder -lage und die gegen Treu und Glauben verstoßende Ausübung eines Rechts sind missbräuchlich und demnach unzulässig.[125]

---

120 *Larenz/Wolf*, Allgemeiner Teil des Bürgerlichen Rechts, § 42, Rn. 30.
121 *Larenz/Wolf*, Allgemeiner Teil des Bürgerlichen Rechts, § 43, Rn. 1.
122 Vgl. OLG Koblenz, Urt. v. 28.9.1999 - 1 U 1044/96, RdE 2000, 74, 77.
123 Vgl. *Musielak*, Examenskurs BGB, S. 7 f.
124 *Salje*, EEG (4. Aufl.), § 4 Rn. 94 m. w. Nachw.
125 *Salje*, EEG (4. Aufl.), § 4 Rn. 94 m. w. Nachw.

# D Netzbetreiberpflichten nach dem EEG 2004 und potenzielle vertragliche Regelungen

Nachdem die verfassungs- und zivilrechtlichen Rahmenbedingungen dargestellt wurden, soll nun näher auf vertragliche Vereinbarungen zwischen EEG-Anlagenbetreiber und Netzbetreiber eingegangen werden. Da deren Rechtsbeziehungen maßgeblich durch die Normen des EEG bestimmt werden, ist zu untersuchen, wie viel Spielraum den Parteien für abweichende bzw. individuelle Regelungen bleibt.

Zunächst soll auf die Regelung des § 12 Abs. 1 EEG 2004 eingegangen werden, da sie auf das Vertragsverhältnis zwischen Anlagen- und Netzbetreiber grundsätzlichen Einfluss hat. Im Folgenden werden dann potenzielle vertragliche Regelungen im Zusammenhang mit den Grundpflichten des Netzbetreibers nach §§ 4 und 5 EEG 2004 behandelt. Abschließend ist auf vertragliche Vereinbarungen zu Nebenpflichten einzugehen.

## I Verstoß gegen das Kopplungsverbot gemäß § 12 Abs. 1 EEG 2004

Nach § 12 Abs. 1 EEG 2004 dürfen Netzbetreiber die Erfüllung ihrer Verpflichtungen aus den §§ 4 und 5 nicht vom Abschluss eines Vertrages abhängig machen. Die §§ 4 und 5 EEG 2004 normieren das Grundkonzept der Förderung der Erneuerbaren Energien, nämlich die Pflicht des Netzbetreibers auf Anschluss, Abnahme und Vergütung. Was ist jedoch die Konsequenz, wenn Netzbetreiber gleichwohl den Vertragsabschluss zur Bedingung machen und somit gegen das Kopplungsverbot verstoßen?

### 1. Streitstand

Für diesen Fall wird teilweise angenommen, dass ein Vertrag, der unter Verstoß gegen das Kopplungsverbot zustande kommt, nach § 134 BGB nichtig ist.[126] Dies gilt auch für ein entsprechendes Umgehungsgeschäft.[127] Bereits das Verlangen des Netzbetreibers nach einem Vertragsschluss als Voraussetzung für die Pflichterfüllung nach § 4 Abs. 1 EEG 2004 stelle im Vorfeld des Vertrages eine Pflichtverletzung nach § 242 BGB dar.[128]

Dem entgegengesetzt ging jedoch der BGH in einer jüngeren Entscheidung[129] davon aus, dass ein Verstoß gegen das Kopplungsverbot nicht zur Nichtigkeit des Vertrages nach § 134 BGB führe. § 12 Abs. 1 EEG 2004 richte sich nämlich ausdrücklich nur an die Netzbetreiber. Unter Verweis auf die ständige Rechtsprechung des BGH habe der Verstoß gegen ein gesetzliches Verbot die Nichtigkeit eines Rechtsgeschäfts in der Regel nur dann zur Folge, wenn sich das Verbot gegen beide Seiten richtet; einseitige Verbote begründen die Nichtigkeit des Rechtsgeschäfts dagegen nur ausnahmsweise

---

126 *Salje*, EEG (4. Aufl.), § 12 Rn. 29; *Altrock/Oschmann/Theobald*, EEG, § 12 Rn. 5.
127 *Salje*, EEG (4. Aufl.), § 12 Rn. 29 m. w. Nachw.
128 *Salje*, EEG (4. Aufl.), § 12 Rn. 26.
129 BGH, Urt. v. 27.6.2007 - VIII ZR 149/06, ZNER 2007, 323 ff.

dann, wenn es mit dem Zweck des Verbotsgesetzes unvereinbar wäre, die durch das Rechtsgeschäft getroffene Regelung hinzunehmen und bestehen zu lassen."[130] Bei § 12 Abs. 1 EEG 2004 sei dies jedoch nicht der Fall. Wie sich aus der Gesetzesbegründung ergebe, sei Zweck des § 12 Abs. 1 EEG 2004, eine Unklarheit des bisherigen Gesetzes zu beseitigen, nämlich die Entscheidung für ein gesetzliches Schuldverhältnis und gegen einen Kontrahierungszwang.[131]

## 2. Stellungnahme

Zuzustimmen ist beiden Ansichten insoweit, als dass es sich bei § 12 Abs. 1 EEG 2004 um ein Verbotsgesetz im Sinne des § 134 BGB handelt und nicht um zwingendes Recht. § 12 Abs. 1 EEG 2004 will die Privatautonomie weder ausschließen noch ein Rechtsverhältnis direkt regeln. Welche Rechte und Pflichten das Rechtsverhältnis zwischen Anlagen- und Netzbetreiber inhaltlich prägen, ergibt sich nämlich nicht direkt aus § 12 sondern erst aus den §§ 4 und 5. Verhindert werden soll vielmehr ein bestimmtes Verhalten, nämlich dass der Netzbetreiber den Anlagenbetreiber durch vorgeschaltete langwierige Vertragsverhandlungen unter Druck setzen kann.

Allerdings gerät die Begründung des BGH, warum ein Verstoß gegen das gesetzliche Verbot nicht zur Nichtigkeit des Vertrages führt, zu kurz und zu oberflächlich: Es sei mit dem Zweck des § 12 Abs. 1 EEG 2004 nicht unvereinbar, ein Rechtsgeschäft, das unter Verstoß gegen das Kopplungsverbot zustande kommt, bestehen zu lassen. Denn die Vorschrift diene ausweislich der Gesetzesbegründung der Rechtssicherheit und kläre die Frage nach einem gesetzlichen Schuldverhältnis oder eines Kontrahierungszwangs zu Gunsten des ersteren. „Haben Anlagen- und Netzbetreiber – wie hier – gleichwohl einen Vertrag geschlossen, kommt dem Zweck der Vorschrift, klarzustellen, dass ein Vertrag nicht erforderlich ist, insoweit keine Bedeutung mehr zu. Dieser Zweck kann auch dem Bestand des geschlossenen Vertrages nicht entgegenstehen."[132]

Dabei lässt der BGH jedoch unberücksichtigt, *warum* der Gesetzgeber sich für ein gesetzliches Schuldverhältnis und gegen einen Kontrahierungszwang entschieden hat. Es ist vielmehr gerade nicht gleichgültig, zu wessen Gunsten die früheren Streitigkeiten, die der Gesetzgeber klarzustellen beabsichtigte, entschieden wurden und warum. Diese Hintergründe haben für den Zweck der Norm eine wesentlich größere Bedeutung als allein die Verhinderung weiterer Rechtsstreitigkeiten als solche.

Mit der Entscheidung für ein gesetzliches Schuldverhältnis hat sich der Gesetzgeber klar dafür ausgesprochen, den Anschluss, die Abnahme und die Vergütung nicht unter die Bedingung erfolgreicher, evtl. langwieriger Vertragsverhandlungen zu stellen. Zweck des EEG 2004 ist es, den Anteil Erneuerbarer Energien an der Stromversorgung bis zum Jahr 2010 auf mindestens 12,5 Prozent und bis zum Jahr 2020 auf mindestens

---

130 BGH, Urt. v. 27.6.2007 - VIII ZR 149/06, ZNER 2007, 323, 325; s. hierzu bereits die grundlegenden Ausführungen auf S. 31.
131 BGH, Urt. v. 27.6.2007 - VIII ZR 149/06, ZNER 2007, 323, 325.
132 BGH, Urt. v. 27.6.2007 - Az. VIII ZR 149/06, ZNER 2007, 323, 325; im Ergebnis ebenso allerdings ohne jegliche Bezugnahme auf den Zweck der streitgegenständlichen Verbotsnorm: OLG Koblenz, Urt. v. 20.11.2006 - 12 U 87/06, ZNER 2007, 71, 72.

20 Prozent zu erhöhen.[133] Die möglichst zeitnahe Erhöhung des Anteils der Erneuerbaren Energien würde – wie vor der Gesetzesnovellierung durch das EEG 2004 vielfach bereits eingewandt[134] – wesentlich erschwert werden, wenn zuvor ein wirksamer Vertrag ausgehandelt werden müsste. Die Annahme eines gesetzlichen Schuldverhältnisses ist also kein Selbstzweck. Es ist vielmehr Mittel zum Zweck. Mit dem gesetzlichen Schuldverhältnis wird das Ziel des Gesetzes selbst verfolgt: die zeitnahe Erhöhung des Anteils der Erneuerbaren Energien am Strommix.

Damit zerfällt auch die weitere Argumentation des BGH. Es reicht nicht aus, auf die Auslegungsregel zurückzugreifen, dass ein Verstoß gegen einseitige Verbotsgesetze grundsätzlich nicht zur Nichtigkeit des Rechtsgeschäfts führt. Denn der Gesetzeszweck steht hier entgegen. Ein Verstoß gegen das Kopplungsverbot bedeutet nicht, dass trotz des gesetzlichen Schuldverhältnisses noch ein Vertrag abgeschlossen wird. Sondern es bedeutet, dass der Netzbetreiber die Erfüllung seiner Verpflichtungen vom Abschluss eines Vertrags abhängig macht. Der Zweck des Gesetzes ist gefährdet, wenn eine Drucksituation entsteht, infolge derer der Anlagenbetreiber womöglich bereit ist, einseitige Kompromisse einzugehen. Eine Drucksituation soll gar nicht erst entstehen können. Wird also gegen das Kopplungsverbot verstoßen, wird damit auch der Zweck des EEG 2004 konterkariert. Nach dem Normzweck ist deshalb gem. § 134 BGB die Nichtigkeit des Rechtsgeschäfts anzunehmen.[135]

## II Vertragliche Vereinbarungen im Zusammenhang mit dem Anschluss

### 1. Anschlusspflicht gemäß § 4 Abs. 1 S. 1 EEG 2004

#### a) Pflichteninhalt

§ 4 Abs. 1 S. 1 EEG 2004 verpflichtet Netzbetreiber, Anlagen zur Erzeugung von Strom aus Erneuerbaren Energien oder aus Grubengas unverzüglich vorrangig an ihr Netz anzuschließen. Diese Verpflichtung trifft den nach § 4 Abs. 2 S. 1 EEG 2004 zu ermittelnden Netzbetreiber. Die Pflicht nach § 4 Abs. 1 S. 1 EEG 2004 bedeutet jedoch nicht, dass der Netzbetreiber verpflichtet ist, den Anschluss vorzunehmen bzw. herzustellen. Die tatsächliche Herstellung des Anschlusses, also der Einbau der notwendigen Anlagenteile und Einrichtungen, um die tatsächliche Verbindung von Anschlussleitung und Netz herzustellen, fällt nämlich in den Zuständigkeitsbereich des Anlagenbetreibers. Dieser ist zum einen nach § 13 Abs. 1 S. 1 EEG 2004 verpflichtet, die notwendigen Kosten des Anschlusses an den ermittelten Verknüpfungspunkt des Netzes zu tragen. Zum anderen hat der Anlagenbetreiber gem. § 13 Abs. 1 S. 4 EEG 2004 die Wahl, den

---

133 § 1 Abs. 2 EEG 2004.
134 S. o., S. 21.
135 Im Ergebnis ebenso: *Schäfermeier*, Anmerkung zu BGH, Urt. v. 27.6.2007 – VIII ZR 149/06, ZNER 2007, 325, 326, der jedoch nicht auf die angestrebte Erhöhung des Anteils der Erneuerbaren Energien sondern auf die vom BGH verkannte Schutzbedürftigkeit des Anlagenbetreibers abstellt.

Anschluss der Anlagen von dem Netzbetreiber oder einem fachkundigen Dritten vornehmen zu lassen. Fällt die Wahl des Anlagenbetreibers auf den Netzbetreiber, übernimmt dieser damit nur eine Aufgabe, die das Gesetz dem Anlagenbetreiber zuschreibt und wird entsprechend entlohnt. Die eigentliche Anschlusspflicht des Netzbetreibers aus § 4 Abs. 1 EEG 2004 hat damit nur eine *Duldung des Anschlusses* an sein Netz zum Inhalt.[136]

### b) Unabdingbarkeit

Da sich der Erneuerbare-Energien-Anlagenbetreiber ohne die Anschlusspflicht kaum auf dem Stromerzeugungsmarkt durchsetzen könnte, ist die Duldung des Anschlusses an das Netz der erste notwendige Schritt, um die Ziele des EEG erreichen zu können. Der wirtschaftlich schwächere Anlagenbetreiber soll mit dem Anspruch auf Duldung des Netzanschlusses gegenüber dem Monopolinhaber gestärkt werden. Auf diesem Wege wird entsprechend dem Gesetzeszweck die Erhöhung der Stromerzeugung aus Erneuerbaren Energien gefördert. Die Anschlusspflicht betrifft also nicht ausschließlich die Interessen der Parteien. Sie kann nach dem Sinn und Zweck des Gesetzes nicht zur Disposition der Parteien stehen, da bei Abweichen von der Anschlussduldungspflicht sämtliche weitere Regelungen des EEG unanwendbar blieben: Ohne Anschluss keine Stromeinspeisung und keine Vergütung. Dessen ungeachtet würde ein Abweichen von der Anschlusspflicht nach § 4 Abs. 1 S. 1 EEG 2004 auch keinen Sinn machen, da dies faktisch einem Vertrag, keinen Vertrag zu schließen, gleichkäme. Die Anschlusspflicht steht demnach nicht zur Parteidisposition sondern ist zwingender Natur.[137]

### 2. Abstimmungen im Vorfeld des Anschlusses

Die Duldungspflicht aus § 4 Abs. 1 S. 1 EEG 2004 ist unabdingbar. Dennoch gibt es Punkte, über die Anlagen- und Netzbetreiber sich austauschen müssen, bevor der Anschluss tatsächlich hergestellt wird. Zum einen muss zunächst ermittelt werden, an welchem Netzverknüpfungspunkt der Anschluss erfolgen soll (a). Des Weiteren sind bei Anschluss der Anlage technische Anschlussbedingungen zu beachten (b). Schließlich muss der Netzbetreiber den Anschluss unter den Voraussetzungen des § 4 Abs. 3 S. 1 EEG überhaupt nur dulden, wenn die Anlage mit einer technischen Einrichtung zur Reduzierung der Einspeiseleistung bei Netzüberlastung ausgestattet ist (c).

---

[136] *Salje*, EEG (4. Aufl.), § 12 Rn. 10; *Salje*, Versorgungswirtschaft 2002, 77, 79; BGH, Urt. v. 11.6.2003 – VIII ZR 160/02, NVwZ 2003, 1143, 1148: „Zwar setzt die Abnahme des Stroms durch den Netzbetreiber notwendigerweise einen Anschluss zwischen der Anlage zur Erzeugung des Stroms und dem Versorgungsnetz voraus. Daraus folgt jedoch nur, dass das Elektrizitätsversorgungsunternehmen den Anschluss der Anlage an sein Versorgungsnetz dulden muss, nicht hingegen die Verpflichtung, diesen Anschluss für den Anlagenbetreiber herzustellen." Im Übrigen folgt aus § 4 Abs. 1 EEG 2004 auch, dass der Netzbetreiber eine angeschlossene Anlage nicht wieder vom Netz nehmen darf. Die Anschlusspflicht umfasst insofern ein Dauerschuldverhältnis zwischen Anlagen- und Netzbetreiber; s. Danner/Theobald/*Oschmann*, Energierecht, EEG VI B 1 § 4 Rn.43, Stand: EL 49, Januar 2005.

[137] *Altrock/Oschmann/Theobald*, EEG, § 12 Rn. 24.

### a) Netzverknüpfungspunkt

Nach § 4 Abs. 2 S. 1 EEG 2004 ist die Anlage grundsätzlich auf dem kürzest möglichen Wege an das Netz anzuschließen. Auf die kürzeste Entfernung kommt es jedoch dann nicht an, wenn ein weiter entfernt liegender Netzverknüpfungspunkt technisch und wirtschaftlich günstigere Anschlussbedingungen aufweist. Hintergrund dieser Regelung ist die Minimierung der gesamtwirtschaftlichen Kosten.[138]

In der Praxis gehen die Ansichten, welcher Netzverknüpfungspunkt der richtige ist, entsprechend der Interessenlagen oft auseinander. Der Anlagenbetreiber zielt im Zweifel den nächstgelegenen Punkt an, um Anschlussherstellungskosten und Leitungsverluste zu sparen. Der Netzbetreiber ist im Zweifel für den Anschlusspunkt, der ihm einen Netzausbau erspart. Der vom Gesetz vorgesehene Verknüpfungspunkt lässt sich bei divergierenden Ansichten der Anlagen- und Netzbetreiber oft erst gerichtlich ermitteln.

Von großer praktischer Bedeutung ist daher die Frage, inwieweit sich Rechtssicherheit durch vertragliche Vereinbarung der Parteien herstellen lässt, auch wenn sie nicht den gesetzlich vorgesehenen Anschlusspunkt sondern einen anderen Verknüpfungspunkt vorsieht.

Dem Wortlaut ist zumindest nicht ausdrücklich zu entnehmen, dass ein vertragliches Abweichen vom vorgesehenen Verknüpfungspunkt nicht möglich sein sollte. Für die Möglichkeit des vertraglichen Abweichens spricht auch, dass es langfristig sinnvoller sein kann, einen anderen als den aktuell günstigsten Verknüpfungspunkt zu wählen. Zukünftige Standortentwicklungen könnten so bereits zu einem frühen Zeitpunkt berücksichtigt werden und einem kostspieligen Netzausbau vorgreifen.[139] Diese sinnvolle Zukunftsplanung setzt jedoch voraus, dass Anlagen- und Netzbetreiber sich über die spätere Entwicklung ausgetauscht haben. Wo dies nicht der Fall ist, ist für den Anlagenbetreiber mit dem Vertragsschluss das Risiko verbunden, eine weitere Entfernung zwischen Anlagenstandort und Verknüpfungspunkt zu akzeptieren, als gesetzlich vorgesehen – und damit höhere Anschlusskosten übernehmen zu müssen.

Der Gesetzesbegründung und -systematik lassen sich jedoch Tendenzen entnehmen, dass ein vertragliches Abweichen den Anlagenbetreiber zumindest nicht benachteiligen soll. Im Ergebnis würde dies einer halbzwingenden Regelung entsprechen. Der Gesetzgeber geht davon aus, dass der Anlagenbetreiber sich dem „Begehren eines Netzbetreibers, einen Anschluss nicht am nächstgelegenen Verknüpfungspunkt, sondern an einer anderen, weiter entfernt liegenden Stelle vorzunehmen" jedenfalls dann treuwidrig entgegensetzt, „wenn der Netzbetreiber die dadurch verursachten Mehrkosten trägt und es zu keiner Verzögerung des Anschlusses kommt."[140] Daraus kann geschlossen werden, dass der Gesetzgeber das für den Anlagenbetreiber nachteilige Abweichen vom gesetzlichen Verknüpfungspunkt (jedenfalls) dann akzeptiert, wenn der Netzbetreiber die Mehrkosten trägt und der Anschluss nicht verzögert wird.

---

138 BT-Drs. 15/2864, Zu § 4 Abs. 2, S. 33.
139 *Altrock/Oschmann/Theobald*, EEG, § 4 Rn. 48 a.
140 BT-Drs. 15/2864, S. 33.

Auch in § 13 Abs. 1 S. 2 a. E. EEG 2004 weist der Gesetzgeber dem Netzbetreiber die Übernahme der Anschlussmehrkosten zu. Allerdings bezieht sich diese Regelung nur auf Anlagen mit einer Leistung von insgesamt bis zu 30 kW.

Da der Anlagenbetreiber dem Netzbetreiber bei der Wahl des Verknüpfungspunkts nicht so sehr wirtschaftlich, sondern vor allem informationell unterlegen ist, sprechen hier die besseren Gründe für die Annahme einer halbzwingenden Norm; nur, wenn es für den Anlagenbetreiber nicht mit Nachteilen verbunden ist, kann vom gesetzlich bestimmten Verknüpfungspunkt abgewichen werden.

### b) Technische Anschlussbedingungen

#### aa) Festlegung der Mindestanforderungen durch Netzbetreiber

Der Netzbetreiber muss den Anschluss einer Erneuerbaren-Energien-Anlage an das Netz der allgemeinen Versorgung nur dulden, wenn bestimmte technische Voraussetzungen eingehalten werden. In diesem Sinne sieht § 13 Abs. 1 S. 3 EEG 2004 vor, dass die Ausführung des Anschlusses und die übrigen für die Sicherheit des Netzes notwendigen Einrichtungen den im Einzelfall notwendigen technischen Anforderungen des Netzbetreibers und § 49 EnWG entsprechen müssen. Nach § 49 EnWG sind Energieanlagen so zu errichten und zu betreiben, dass die technische Sicherheit gewährleistet ist. Dabei sind vorbehaltlich sonstiger Rechtsvorschriften die allgemein anerkannten Regeln der Technik zu beachten.[141] Die Einhaltung der allgemein anerkannten Regeln der Technik wiederum wird nach § 49 Abs. 2 EnWG vermutet, wenn bei Anlagen zur Erzeugung, Fortleitung und Abgabe von Elektrizität die technischen Regeln des Verbandes der Elektrotechnik Elektronik Informationstechnik e.V. eingehalten worden sind. § 49 EnWG gibt jedoch lediglich allgemeine Anforderungen an den Anlagenbetrieb wieder. Die nach § 13 Abs. 1 S. 3 EEG 2004 im Einzelfall notwendigen technischen Anforderungen des Netzbetreibers bestimmen sich nach der jeweils anzuschließenden Anlage.[142] Netzbetreiber dürfen also einzelfallbezogene technische Anforderungen nicht nur stellen, sondern sind dazu sogar gem. § 19 Abs. 1 und 3 EnWG verpflichtet.

#### bb) Zwang zur vertraglichen Akzeptanz durch Anlagenbetreiber

Von Seiten der Netzbetreiber wird gefordert, die notwendigen technischen Anforderungen auch vertraglich mit dem Betreiber der Stromerzeugungsanlage zu fixieren. Die einseitige Auferlegung der technischen Anforderungen werde den Bedürfnissen der Praxis nicht gerecht.[143] Ohne eine ausdrückliche vertragliche Erklärung könne der Netzbetreiber nicht sicher gehen, dass seine technischen Mindestbedingungen eingehalten werden. Denn nur der Anlagenbetreiber kenne seine Vorhabenplanung. Je nach Projekt und Planung könnten aber auch die individuellen technischen Anforderungen

---

141 Dies ist nach *Altrock/Oschmann/Theobald*, EEG, § 13 Rn. 37 und *Dreher*, in: Hk-EEG, § 13 Rn. 30 die VDEW Richtlinie für den Parallelbetrieb von Eigenerzeugungsanlagen.
142 *Altrock/Oschmann/Theobald*, EEG, § 13 Rn. 37.
143 *Schmidt/Klauß/Rohrberg*, in: Schöne, Vertragshandbuch Stromwirtschaft, S. 1152, Rn. 92.

variieren.[144] Ein Vertragsschluss sei auch wegen der weiteren Netzausbauplanung des Netzbetreibers und der hohen Bedeutung der Versorgungssicherheit erforderlich. Des Weiteren ermöglicht ein Vertrag den Netzbetreibern, rechtliche und tatsächliche Konsequenzen bei Pflichtverletzung festzuhalten.[145]

Zur Durchsetzung dieses Begehrens wird teilweise vertreten, der Netzbetreiber könne den Anschluss der Anlage zurückhalten, bis der Anlagenbetreiber die technischen Anschlussbedingungen vertraglich akzeptiert hat. Bei der Einhaltung technischer Anschlussbedingungen handele es sich nämlich nicht lediglich um eine Nebenpflicht, deren Einzelheiten auch im Nachhinein geregelt werden könnten. Technische Anschlussbedingungen gestalteten das Rechtsverhältnis der Stromeinspeisung vielmehr derart grundlegend, dass sie bereits vor dem Anschluss der Anlage feststehen müssten. Anders könne ein sicherer Netzbetrieb nicht gewährleistet werden.[146] In diesem Sinne wurde ein Zurückbehaltungsrecht gem. § 273 BGB unter der Geltung des EEG 2000 auch vom BGH angenommen: Der „unmittelbar auf Abnahme und Vergütung des Stroms aus Erneuerbaren Energien in Anspruch genommene Netzbetreiber [könne] ein Zurückbehaltungsrecht geltend machen, solange der Anlagenbetreiber die Zustimmung zu den von ihm als notwendig erachteten vertraglichen Nebenregelungen verweigert." Letztlich entscheide dann das Gericht, welche vertraglichen Regelungen nach Treu und Glauben unter Berücksichtigung der Verkehrssitte beansprucht werden könnten.[147]

Dagegen ist jedoch einzuwenden, dass die technischen Anschlussbedingungen so eng mit der Anschluss- und Abnahmepflicht verbunden sind, dass ein Zurückbehaltungsrecht gegen das seit der Entscheidung des BGH mittlerweile eingeführte Kopplungsverbot des § 12 Abs. 1 EEG 2004 verstoßen würde.[148] Darüber hinaus überzeugen die vorgebrachten Argumente nicht, warum die einseitige Anordnung der Bedingungen durch den Netzbetreiber nicht ausreichen sollte. Zur Berücksichtigung der individuellen Verhältnisse einer Anlage vor Ort können schließlich neben den Einspeisebedingungen allgemeiner Art auch spezielle technische Anforderungen festgesetzt werden. Die vertragliche Fixierung technischer Anschlussbedingungen kann somit nicht über die Zurückbehaltung der Hauptpflichten erzwungen werden.[149]

---

144 *Schmidt/Klauß/Rohrberg*, in: Schöne, Vertragshandbuch Stromwirtschaft, S. 1157, Rn. 103.
145 *Schmidt/Klauß/Rohrberg*, in: Schöne, Vertragshandbuch Stromwirtschaft, S. 1153, Rn. 97 f.
146 *Schmidt/Klauß/Rohrberg*, in: Schöne, Vertragshandbuch Stromwirtschaft, S. 1136, Rn. 55.
147 BGH, Urt. v. 11.6.2003 – VIII ZR 160/02, NVwZ 2003, 1143, 1148.
148 Vgl. *Salje*, EEG (4. Aufl.), § 12 Rn. 13, der sich hier darauf bezieht, dass erzwungene technische Einspeisebedingungen eng mit der Abnahmepflicht aus § 4 Abs. 1 zusammenhängen und deshalb gegen § 12 Abs. 1 EEG 2004 verstoße.
149 *Salje*, EEG (4. Aufl.), der sich in § 12 Rn. 14, 25 klar dafür ausspricht, dass ein Zurückbehaltungsrecht gegen das Kopplungsverbot verstoße, in § 4 Rn. 92 jedoch für weiterhin ungeklärt hält, „ob dem Netzbetreiber weiterhin – mit dem BGH v. 11. 6. 2003 – das Recht eingeräumt ist, sein Leistungsverweigerungsrecht gem. § 273 BGB dann einzusetzen, wenn die Regelung von ‚technischen Fragen der Einbindung der Anlage' objektiv erforderlich ist." Dafür spreche das Erfordernis, die Netzverträglichkeit der Anlage auch auf Dauer sicherzustellen und damit Nebenpflichten vertraglich zu regeln.

## cc) Notwendige technische Anforderungen

Nach dem Wortlaut des § 13 Abs. 1 S. 3 EEG 2004 muss der Anschluss nur den *notwendigen* technischen Anforderungen entsprechen. Darüber hinaus schränkt *Salje* die *im Einzelfall* notwendigen gestellten Anforderungen des Netzbetreibers insoweit ein, als dass diese „nur im Hinblick auf die konkret anzuschließende Anlage bestimmt werden" können.[150]

Im Streitfall müsste letztlich durch ein Sachverständigengutachten geklärt werden, ob einzelne technische Anforderungen seitens des Netzbetreibers notwendig sind oder nicht.[151]

## dd) Vertragliches Abweichen

Auch hier stellt sich die Frage, inwieweit von der gesetzlichen Vorgabe, der „Notwendigkeit", durch vertragliche Vereinbarungen abgewichen werden darf. Der Wortlaut des § 13 Abs. 1 S. 3 EEG ist insofern klar formuliert, als dass die notwendigen technischen Anforderungen eingehalten werden „müssen". Ein Abweichen unter dieses Niveau ist damit ausgeschlossen. Bereits im Interesse der Allgemeinheit müssen Energieanlagen so ausgelegt und konstruiert sein, dass keine störenden Netzrückwirkungen entstehen.[152]

Für den Netzbetreiber ergibt sich darüber hinaus aber auch die Gelegenheit, durch vertragliche Vereinbarungen höhere als nur die notwendigen Anforderungen zu Grunde zu legen. Der Anlagenbetreiber hingegen hat meist aus Kostengründen ein Interesse daran, über den allgemein anerkannten Standard hinaus nicht noch höhere Anforderungen einhalten zu müssen.[153] Des Weiteren besteht für ihn die Gefahr, dass ihm über die Einbeziehung der komplexen technischen Regelwerke Anforderungen auferlegt werden, die nicht nur nicht notwendig sondern für ihn nachteilig sein könnten. Ein Vertrag könnte insofern für den Anlagenbetreiber bedeuten, dass von den gesetzlichen Vorgaben abgewichen und höhere bzw. weitergehende und vor allem kostspieligere Bedingungen einzuhalten sind.

Dennoch kann die vertragliche Vereinbarung von höheren als den notwendigen Anforderungen schon unter dem Gesichtspunkt der Versorgungssicherheit nicht ausgeschlossen werden. Der Anlagenbetreiber ist zudem hinreichend geschützt, da er die technischen Anforderungen nicht vertraglich akzeptieren muss. Technische Regelungen, die lediglich dem sicheren Betrieb des Versorgungsnetzes dienen, sind ohnehin über die gesetzlichen Vorschriften des § 13 Abs. 1 S. 3 EEG 2004 i.V.m. § 49 EnWG zu beachten.[154]

---

150 *Salje*, EEG, (4. Aufl.), § 13 Rn. 31.
151 *Altrock/Oschmann/Theobald*, EEG, § 13 Rn. 37; *Salje*, EEG (4. Aufl.), § 12 Rn. 14.
152 *Schmidt/Klauß/Rohrberg*, in: Schöne, Vertragshandbuch Stromwirtschaft, S. 1152, Rn. 92.
153 Vgl. *Altrock/Oschmann/Theobald*, EEG, § 13 Rn. 38.
154 *Salje*, Versorgungswirtschaft 2002, 77, 81.

## c) Technische Einrichtung zur Reduzierung der Einspeiseleistung

Wenn das Netz oder ein Netzbereich zeitweise vollständig durch Strom aus Erneuerbaren Energien oder Grubengas ausgelastet ist, muss der Netzbetreiber nach § 4 Abs. 3 S. 1 EEG 2004 den Anschluss einer Anlage nur dulden, wenn sie mit einer technischen Einrichtung zur Reduzierung der Einspeiseleistung ausgestattet ist.

Der Netzbetreiber darf dann bei Netzengpässen die Einspeisung drosseln, ggf. sogar auf Null. Ein Bedürfnis nach Reduzierung der Einspeiseleistung kann sich insbesondere bei Netzauslastungen ergeben, z. B. bei starkem Wind aber gleichzeitig niedrigem Stromverbrauch.[155]

Die Netzausbauverpflichtung des Netzbetreibers gemäß § 4 Abs. 2 S. 2 EEG 2004 besteht dessen ungeachtet weiter. Denn der Netzbetreiber ist „auch bei möglichen temporär auftretenden Netzengpässen durch Erneuerbare Energien verpflichtet, Anlagen zur Erzeugung von Strom aus Erneuerbaren Energien immer anzuschließen."[156] § 4 Abs. 3 S. 1 EEG 2004 bietet insofern eine pragmatische Lösung an, wie in der Zwischenzeit bis zum Ausbau des Netzes verfahren werden soll, bis also das Netz geeignet ist, alle Anschlusspetenten uneingeschränkt aufzunehmen.[157]

Im Umkehrschluss kann aus der Regelung des § 4 Abs. 3 S. 1 EEG 2004 gefolgert werden, dass der Einbau einer technischen Einrichtung zur Reduzierung der Einspeiseleistung nicht in jedem Fall verlangt werden darf,[158] nämlich dann nicht, wenn das Netz oder der Netzbereich nicht zeitweise durch Strom aus Erneuerbaren Energien oder Grubengas ausgelastet ist.

Allerdings reicht dieser Umkehrschluss nicht aus, um vertragliche Vereinbarungen zum Einbau einer solchen technischen Einrichtung zu verbieten. Auf freiwilliger Basis könnte sich ein Anlagenbetreiber also durchaus vertraglich verpflichten, seine Anlage mit einer Drosselungsvorrichtung zu versehen, auch wenn die Voraussetzungen des § 4 Abs. 3 S. 1 EEG 2004 nicht gegeben sind.

Es besteht kein besonderes Bedürfnis, ein entsprechendes Abweichen zum Schutze des Anlagenbetreibers zu verhindern. Wer seine Anlage mit einer solchen technischen Einrichtung versieht, dem ist klar, dass er damit die Stromeinspeisung unter Umständen in die Hände des Netzbetreibers legt. Soweit er dies nicht will und gesetzlich auch nicht dazu verpflichtet ist, kann er sich schlicht weigern, eine entsprechende vertragliche Verpflichtung einzugehen.

Für die Netzbetreiber besteht an dem Einbau technischer Vorrichtungen zur Reduzierung der Einspeiseleistung ein grundsätzliches Interesse. Insbesondere zur Aufrechterhaltung der System- und Netzsicherheit im Sinne des § 2 i.V.m. § 1 Abs. 1 EnWG haben die Netzbetreiber ein Interesse daran, dass alle an das Netz angeschlossenen Anlagen an einem sog. Netzmanagementsystem teilnehmen.[159]

---

155 BT-Drs. 15/2864, S. 34.
156 BT-Drs. 15/2864, S. 34.
157 *Altrock/Oschmann/Theobald*, EEG, § 4 Rn. 90.
158 *Reshöft*, in: Hk-EEG, § 4 Rn. 42.
159 Vgl. *Schmidt/Klauß/Rohrberg*, in: Schöne, Vertragshandbuch Stromwirtschaft, S. 1226 ff., die feststellen, dass der Netzbetreiber sogar darauf angewiesen sei, dass alle Anlagen an einem Netzmanagementsystem teilnehmen. Der Netzbetreiber besitze gar ein gesetzliches Verweigerungsrecht

## 3. Anschlussherstellung

Der Anspruch des Anlagenbetreibers auf Herstellung des Anschlusses ergibt sich nicht aus dem Gesetz. Dies folgt bereits daraus, dass der Anlagenbetreiber nach § 13 Abs. 1 S. 4 EEG 2004 die Wahl hat, ob der Anschluss von dem Netzbetreiber oder einem fachkundigen Dritten vorgenommen werden soll. Auch findet sich im EEG 2004 keine Regelung zur Höhe der Vergütung für die Anschlussherstellung.[160] Der Anlagenbetreiber muss also zunächst entscheiden, ob er den Anschluss von einem Dritten oder dem Netzbetreiber herstellen lässt. Es ist offensichtlich, dass die Anschlussherstellung durch einen Dritten nur auf vertraglicher Grundlage vereinbart werden kann. Aber auch bei der Anschlussherstellung durch den Netzbetreiber muss die tatsächliche Höhe der im konkreten Fall notwendigen Kosten ermittelt und evtl. die gewünschte Anschlussvariante[161] (z. B. Kuppel-Transformator oder Freileitung) vereinbart werden, um spätere Rechtsstreitigkeiten zu vermeiden.[162]

Rechtssystematisch kann ein gesetzlicher Anspruch auf Anschlussherstellung ebenfalls nicht hergeleitet werden. Denn § 12 Abs. 1 EEG 2004 erstreckt das gesetzliche Schuldverhältnis lediglich auf die §§ 4 und 5. Damit ist zwar die Pflicht zur Duldung des Netzanschlusses nach § 4 Abs. 1 S. 1, nicht aber die in den Rechtskreis des Anlagenbetreibers fallende Anschlussherstellung nach § 13 Abs. 1 erfasst. Die Herstellung des Anschlusses ist damit nicht Teil des gesetzlichen Schuldverhältnisses zwischen Anlagen- und Netzbetreiber.[163]

Daraus ergeben sich für die Anschlussherstellung zwei Konsequenzen:
Erstens kommt als rechtliche Grundlage für die Anschlussherstellung nur eine vertragliche Vereinbarung in Betracht. Zweitens erstreckt sich auch das Kopplungsverbot nicht auf Anschlussherstellungsverträge. Soweit er den Anschluss herstellen soll, darf der Netzbetreiber dies vom Abschluss eines Vertrags abhängig machen[164].

Die Gefahr einer Verzögerung der Anschlussherstellung ergibt sich daraus nicht, denn der Anlagenbetreiber kann ja das ihm eingeräumte Wahlrecht aus § 13 Abs. 1 S. 4 EEG 2004 ausüben. Es liegt also nicht allein in der Hand des Netzbetreibers, wie früh oder spät der Netzanschluss hergestellt wird.

In der Praxis werden die näheren Umstände in sog. (Netz-) Anschlussherstellungsverträgen vereinbart.[165]

---

im Interesse und zum Schutz der am Netz angeschlossenen Netzkunden an einer nicht gefährdeten Energieversorgung. Eine vertragliche Vereinbarung sei insofern notwendig. Auf die aus §§ 2 Abs. 2, 13, 14 EnWG herzuleitenden Befugnisse des Netzbetreibers wird im Zusammenhang mit der Abnahmepflicht näher einzugehen sein.

160 *Salje*, EEG (4. Aufl.), § 12 Rn. 8, 10; *Salje*, Versorgungswirtschaft 2002, 77, 81 f.; *Schmidt/Klauß/Rohrberg*, in: Schöne, Vertragshandbuch Stromwirtschaft, S. 1144, Rn. 68.
161 *Schmidt/Klauß/Rohrberg*, in: Schöne, Vertragshandbuch Stromwirtschaft, S. 1162, Rn. 113.
162 Vgl. *Salje*, EEG (4. Aufl.), § 12 Rn. 10.
163 *Salje*, EEG (4. Aufl.), § 12 Rn. 10; *Schmidt/Klauß/Rohrberg*, in: Schöne, Vertragshandbuch Stromwirtschaft, S. 1144, Rn. 69.
164 *Salje*, EEG (4. Aufl.), § 12 Rn. 10; *Schmidt/Klauß/Rohrberg*, in: Schöne, Vertragshandbuch Stromwirtschaft, S. 1144, Rn. 69.
165 Vgl. *Salje*, EEG (4. Aufl.), § 12 Rn. 8; *Salje*, Versorgungswirtschaft 2002, 77, 81 f.; *Schmidt/Klauß/Rohrberg*, in: Schöne, Vertragshandbuch Stromwirtschaft, S. 1144, Rn. 68.

## 4. Netzkosten

Die Kostenteilung des § 13 EEG 2004 geht davon aus, dass der Anlagenbetreiber nach Abs. 1 die notwendigen Netz*anschluss*kosten und der Netzbetreiber nach Abs. 2 die notwendigen Netz*ausbau*kosten trägt. Doch inwieweit kann die von § 13 EEG 2004 vorgesehene Kostenverteilung durch vertragliche Vereinbarungen ersetzt werden? Mit einer solchen vertraglichen Vereinbarung könnten die von der einen und der anderen Partei zu tragenden Kosten flexibel geteilt werden. Es könnte also davon abgewichen werden, dass der Anlagenbetreiber immer nur die Netzanschlusskosten gem. § 13 Abs. 1 EEG 2004 und der Netzbetreiber immer nur die Netzausbaukosten nach § 13 Abs. 2 EEG 2004 trägt (a). Des Weiteren könnten höhere als nur die „notwendigen Kosten" veranschlagt werden (b). In der Tat wurden im Zusammenhang mit der Kostenteilung vielfach Verträge geschlossen, die in einem späteren gerichtlichen Verfahren (meist von Seiten der Anlagenbetreiber) wieder angegriffen wurden, insbesondere die In-Rechnung-Stellung von Netzausbaukosten.[166]

### a) Trennung von Netzanschluss- und Netzausbaukosten

#### aa) Verbotsnorm oder zwingendes Recht?

Ob Netzausbaukosten vertraglich auf den Anlagenbetreiber abgewälzt werden dürfen, ist in Rechtsprechung und Literatur bereits wiederholt behandelt worden. Rechtsdogmatisch wurde dabei zunächst die Frage erörtert, ob es sich bei § 13 Abs. 2 S. 1 EEG 2004 um ein Verbotsgesetz im Sinne des § 134 BGB handelt.[167] Keine Ausführungen finden sich hingegen zu der Frage, ob es sich bei dieser Norm nicht eher um zwingendes Recht als um ein Verbotsgesetz handeln könnte. Dabei ist dies nahe liegend. Eine Verbotsnorm will ein bestimmtes, dem Regelungsinhalt widersprechendes Verhalten verhindern. § 13 Abs. 2 S. 1 EEG 2004 verfolgt aber nicht den Zweck, ein bestimmtes Verhalten zu „verbieten". Es ist eine Kostentragungsregel, an die sich die Parteien entweder halten müssen oder nicht. Im Kern stellt sich hier doch die Frage: Sind abweichende Vereinbarungen möglich? Wird mit der Kostentragungsregel das Rechtsverhältnis direkt geregelt und ist die Privatautonomie insoweit ausgeschlossen? Damit ist die Norm daraufhin zu untersuchen, ob es sich um zwingendes Recht handelt, nicht um eine Verbotsnorm.

---

[166] Vgl. *Klemm*, ET 2007, Heft 4, 62, 64.

[167] Dafür: LG Hannover, Urt. v. 15.3.2006 - 6 O 289/05, RdE 2006, 322; zur inhaltsgleichen Regelung des § 10 Abs. 2 EEG 2000; LG Münster, Urt. v. 24.5.2004 – 2 O 768/03 ZNER 2005, 174 f., wobei hier lediglich in dem Leitsatz der Redaktion angenommen wird, dass eine von zwingendem Recht abweichende Individualvereinbarung gem. § 134 BGB nichtig ist. In der im Folgenden abgedruckten Urteilsbegründung wird nicht auf § 134 BGB Bezug genommen, sondern die Nichtigkeit direkt aus dem Verstoß gegen zwingendes Recht angenommen, s. S. 175; LG Münster, Urt. v. 25.4.2006 - 3 S 133/05, ZNER 2006, 288; LG Kassel, Urt. v. 12.5.2005 - 11 O 4178/04, n. v.; LG Koblenz, Urt. v. 22.12.2005 - 9 O 137/05 (aufgehoben durch OLG Koblenz, Urt. v. 20.11.2006 - 12 U 87/06, ZNER 2007, 71 f.); dagegen: BGH, Urt. v. 27.6.2007 - VIII ZR 149/06, ZNER 2007, 323; OLG Hamm, Urt. v. 6.3.2006 - 17 U 117/05, RdE 2006, 354; OLG Koblenz, Urt. v. 20.11.2006 - 12 U 87/06, ZNER 2007, 71 f.; LG Kiel, Urt. v. 26.6.2003 - 15 U 236/02, RdE 2004, 232.

### bb) Wortlaut

Erster Anhaltspunkt für die Entscheidung, ob dispositiver oder zwingender Charakter anzunehmen ist, ist der Wortlaut des § 13 Abs. 1 und Abs. 2 EEG 2004. Die Formulierungen sind dabei für Anlagen- und Netzbetreiber gleich: In beiden Absätzen „trägt" der Anlagen- bzw. Netzbetreiber die Kosten (des Anschlusses bzw. des Ausbaus). Der Wortlaut als solches liefert also keinen Anlass dafür, einen Absatz als zwingendes und den anderen als dispositives Recht zu begreifen. Würde man für beide Absätze annehmen, sie seien zwingender Natur, würde dies dem Netzbetreiber nicht erlauben, auch die Anschlusskosten nach Abs. 1 vertraglich zu übernehmen. Unabhängig von der Wahrscheinlichkeit in der Praxis ist kein Grund ersichtlich, warum die Parteien eine solche vertragliche Regelung nicht treffen können sollten. Vertreten wird daher, dass es sich bei § 13 Abs. 1 und Abs. 2 EEG 2004 einheitlich um dispositives Recht handelt.[168]

Teilweise wird der zwingende Charakter der Kostenregelung auch mit Hilfe eines Vergleichs mit den Hauptpflichten als eindeutig zwingenden Regelungen des EEG abgelehnt. Während die Anschluss-, Abnahme- und Vergütungspflichten eindeutig eine Verpflichtung des Netzbetreibers aussprächen, ließe sich der Kostenregelung eine solche Verpflichtung nicht entnehmen.[169]

### cc) Gesetzesbegründung zu § 4 Abs. 2 S. 4 EEG 2004

Gegen die Annahme dispositiven Rechts spricht jedoch die Gesetzesbegründung zu § 4 Abs. 2 S. 4 EEG 2004: „Die Abgrenzung anhand der Eigentumsverhältnisse an den Bestandteilen der Anschlussanlage soll sicherstellen, dass keine unnötigen Kosten verursacht und klare Zuständigkeiten hergestellt werden. In diesem Bereich traten in der Vergangenheit zahlreiche Probleme auf, da Netzbetreiber teilweise das Eigentum an Anschlussanlagen beansprucht haben, die Kosten für deren Herstellung aber von den Anlagenbetreibern zu tragen waren. Diese Aufspaltung von finanziellem Aufwand und Vermögenszuwachs soll durch die neue Regelung verhindert werden."[170] Damit spricht

---

[168] BGH, Urt. v. 27.6.2007 - VIII ZR 149/06, ZNER 2007, 323, 324, der damit seiner früher vertretenen Auffassung zu § 10 Abs. 2 S. 1 EEG 2000 widerspricht, s. BGH, Urt. v. 11.6.2003 – VIII ZR 160/02, NVwZ 2003, 1143, 1148: „Die Regelung dieser Nebenfragen obliegt den Parteien, soweit nicht ohnehin zwingende gesetzliche Vorschriften bestehen (so insbesondere für den Anschluss in § 3 Abs. 1 Satz 2 EEG 2000, § 10 Abs. 1 Satz 2 EEG" 2000. § 10 Abs. 1 S. 2 EEG 2000 lautete: „Die notwendigen Kosten eines nur infolge neu anzuschließender Anlagen nach § 2 erforderlichen Ausbaus des Netzes für die allgemeine Versorgung zur Aufnahme und Weiterleitung der eingespeisten Energie trägt der Netzbetreiber, bei dem der Ausbau erforderlich wird." Dispositives Recht wird jedoch weiter angenommen von: OLG Koblenz, Urt. v. 20.11.2006 - 12 U 87/06, ZNER 2007, 71, 72; OLG Hamm, Urt. v. 6.3.2006 - 17 U 117/05, RdE 2006, 354, 355.

[169] OLG Koblenz, Urt. v. 20.11.2006 - 12 U 87/06, ZNER 2007, 71, 72 unter Bezugnahme auf die Kostenregelung des § 10 Abs. 2 EEG 2000 und den Verpflichtungen des Netzbetreibers aus § 3 EEG 2000.

[170] BT-Drs. 15/2864, S. 34. Unter Bezugnahme auf diese Gesetzesbegründung nahm das LG Hannover, Urt. v. 15.3.2006 - 6 O 289/05, RdE 2006, 322, 324, an, dass § 13 Abs. 2 S. 1 EEG 2004 eine Verbotsnorm im Sinne des § 134 BGB sei: Eine von § 13 Abs. 2 S. 1 EEG 2004 abweichende Kostenvereinbarung enthalte im Ergebnis ein verkapptes, der Formvorschrift des § 518 BGB nicht entsprechendes Schenkungsversprechen, das dem Anlagenbetreiber als solches möglicherweise nicht bewusst sei. Denn der Netzbetreiber solle danach ohne entsprechende Gegenleistung das Ei-

sich der Gesetzgeber klar gegen ein vertragliches Abweichen von der Gesetzeslage aus. Dass der Netzbetreiber Eigentum an Anlagen erlangt, deren Bau vom Anlagenbetreiber finanziert wurde, soll jedenfalls verhindert werden. Dies spricht gegen die Zulässigkeit vertraglicher Vereinbarungen, die Netzausbaukosten auf Anlagenbetreiber abwälzen.

### dd) Sinn und Zweck der Kostenteilung

Die Annahme, § 13 Abs. 2 S. 1 EEG 2004 sei abdingbar, wird dem Interesse der Anlagenbetreiber zwar insoweit gerecht, als dass ein Abweichen zu ihren Gunsten zugelassen wird. Allerdings wird auch ein Abweichen zum Nachteil der Anlagenbetreiber ermöglicht, da dem Anlagenbetreiber die Netzausbaukosten ebenfalls vollständig übertragen werden können. In diesem Fall würde auch die Rentabilität der Erneuerbaren-Energien-Anlage zumindest geschmälert werden. Und es stellt sich die Frage, ob es mit dem Sinn und Zweck des Gesetzes zu vereinbaren ist, dass Normen zum Nachteil des Anlagenbetreibers abbedungen werden dürfen, die gerade zur Investitionssicherheit und Anlagenförderung eingeführt wurden.

Nach der Gesetzesbegründung dient die erstmals in § 10 Abs. 1 EEG 2000 eingeführte Kostenteilung der „Vermeidung von Rechtsstreitigkeiten und damit der Transparenz und Rechtssicherheit".[171] Wenn allein die Vermeidung von Rechtsstreitigkeiten der Grund für die Kostenteilung ist, liegt nahe, dass hier lediglich Interessen der Vertragsparteien betroffen sind und die Norm zur Disposition der Parteien steht. Transparenz und Rechtssicherheit könnten ebenso durch – ggf. abweichende – Vereinbarungen hergestellt werden.[172] Diese Ansicht wird gestützt durch den ersten Eindruck, die Kostenteilung durch § 13 EEG 2004 diene lediglich dem Ausgleich der Interessen von Anlagen- und Netzbetreiber. Dritte sind an der gesetzlichen Kostenteilung schließlich nicht unmittelbar beteiligt.

Indes kann – wie bereits bei der Frage nach der Abdingbarkeit des § 12 Abs. 1 EEG 2004 – nicht allein auf die Vermeidung von Rechtsstreitigkeiten als Hauptzweck abgestellt werden. Das Gesetz regelt die Rechtsverhältnisse nicht inhaltlich willkürlich, bloß um Rechtssicherheit herzustellen. Entscheidend muss doch sein, welches materielle Ergebnis nach dem Gesetzeszweck Rechtssicherheit verdient. Der Gesetzeszweck ist die Förderung und die Erhöhung der Stromerzeugung aus Erneuerbaren Energien. In erster Linie wird dieses Ziel mit den Grundpflichten der §§ 4 und 5 EEG 2004 verfolgt. Demgegenüber mag die Kostenregelung des § 13 EEG 2004 nicht von vorrangiger Bedeutung sein.[173] Jedoch bietet sie dem Anlagenbetreiber ein gewisses Maß an Investitionssicherheit. Investitionssicherheit und wirtschaftlicher Gewinn sind letztlich die

---

gentum an Anschlussanlagen erhalten, die auf Kosten des Anlagenbetreibers errichtet werden. Die Zulassung derartiger Vereinbarungen widerspräche dem vom Gesetzgeber mit der Einführung des § 4 Abs. 2 Satz 4 EEG 2004 erstrebten Ziel, das Auseinanderfallen von finanziellem Aufwand und Vermögenszuwachs zu verhindern.

171 BT-Drs. 14/2776, S. 24 zur Begründung des § 10 Abs. 1 EEG 2000, ebenso später BT-Drs. 15/2864, S. 47 zur Begründung des § 13 EEG 2004.
172 BGH, Urt. v. 27.6.2007 - VIII ZR 149/06, ZNER 2007, 323, 324.
173 So der BGH, Urt. v. 27.6.2007 - VIII ZR 149/06, ZNER 2007, 323, 324.

Anreize, die zum verstärkten Anlagenbau und damit zur Erhöhung der Erneuerbaren Energien insgesamt führen. Von den hoch angesetzten Vergütungen je Kilowattstunde würde der Anlagenbetreiber umso weniger profitieren, je höher die Kosten im Vorfeld der Inbetriebnahme sind. Auf der anderen Seite kann der Netzbetreiber die ihm von § 13 Abs. 2 EEG 2004 auferlegten Netzausbaukosten nach S. 3 bei der Ermittlung des Netznutzungsentgelts in Ansatz bringen. Der Netzbetreiber kann seine Netzausbaukosten umlegen, während der Anlagenbetreiber auf den Netzanschluss- und bei vertraglicher Vereinbarung auch Netzausbaukosten sitzen bleibt. Mit der Rentabilität der Anlage wird jedoch auch das Gesetzesziel gefährdet.

Vor diesem Hintergrund spricht viel dafür, § 13 EEG 2004 als subjektiv halbzwingende Norm zu verstehen: Dem Anlagenbetreiber darf im Vergleich zur gesetzlichen Kostenteilung durch die vertragliche Regelung zumindest kein Nachteil entstehen. Hierbei geht es nicht allein darum, den (vermeintlich) wirtschaftlich schwächeren Anlagenbetreiber gegenüber dem Netzbetreiber zu schützen. Vielmehr soll es nicht vom Verhandlungsgeschick der Parteien abhängig gemacht werden, auf welche wirtschaftlichen Rahmenbedingungen Anlagenbetreiber vertrauen dürfen. Die gesetzliche Unterstützung der Anlagenbetreiber ist schließlich nur Mittel zum Zweck, um das Gesetzesziel zu verfolgen. Und das Gesetzesziel ist ein hohes, geht es doch um nichts Geringeres als den Klima-, Natur- und Umweltschutz. Damit sind auch Interessen Dritter betroffen, denn die gesetzliche Förderung dient letztlich dem Interesse der Allgemeinheit.

Es mag zutreffend sein, dass der Anlagenbetreiber mit Hilfe des EEG bereits eine starke, im Einzelfall sogar überlegene Position gegenüber dem Netzbetreiber einnehmen kann. Die Verpflichtungen, die das EEG den Netzbetreibern auferlegt hat, haben in das Kräfteverhältnis deutlich eingegriffen, so dass in der Tat nicht stets der Anlagenbetreiber als „David" dem Netzbetreiber „Goliath" gegenübersteht.[174] Die Unterstützung des Anlagenbetreibers durch das Gesetz ist jedoch kein Selbstzweck. Am Ende geht es nicht darum, eine Berufsgruppe zu unterstützen und zu fördern, sondern um die Erhöhung der Erneuerbaren Energien. Nur deshalb soll die wirtschaftliche Position der Anlagenbetreiber gestärkt werden. Betrachtet man den mit der gesetzlichen Regelung des § 13 EEG verfolgten Zweck, so lässt sich das Bildnis umkehren: Mit dem wirtschaftlich profitablen Betrieb der Erneuerbare-Energien-Anlagen sollen Klima, Natur und Umwelt geschützt werden. Dagegen steht der wirtschaftlich profitable Betrieb der Elektrizitätsversorgungsnetze. Dieser ist ohne Zweifel ein wichtiges Anliegen der Allgemeinheit, allerdings kann der Netzbetreiber seine Netzausbaukosten gem. § 13 Abs. 2 S. 3 EEG 2004 bei der Ermittlung der Netznutzungsentgelte in Ansatz bringen. So betrachtet tritt der Anlagenbetreiber mit den überragenden Klima- und Umweltschutzzielen im Rücken als „Goliath" gegen den Netzbetreiber als „David" an.

Da das EEG dem Zweck der Erhöhung der Erneuerbaren Energien dient, kann es nicht zulässig sein, die Wirksamkeit seiner Regelungen durch abweichende vertragliche

---

[174] Mit diesem Bild veranschaulicht *Klemm*, ET 2007, Heft 4, 62, 65 die (von ihm nicht geteilte) Vorstellung, dass der Anlagenbetreiber gegen die Monopolstellung des Netzbetreibers stets der gesetzlichen Unterstützung bedarf.

Vereinbarungen zu konterkarieren.[175] Die Anschluss-, Abnahme- und Vergütungspflicht allein stellen nicht in jedem Fall sicher, dass sich der Betrieb der Anlage lohnt, insbesondere dann nicht, wenn die Möglichkeit besteht, durch Abweichen von den gesetzlichen Regelungen dem Anlagenbetreiber weitere Kosten aufzuerlegen. Wenn der Gesetzgeber mit dem EEG bereits ein Korrektiv geschaffen hat, das den Anlagenbetreiber auf eine Augenhöhe mit dem Netzbetreiber hebt,[176] dann muss auch gewährleistet sein, dass ein beliebiges Abweichen von den gesetzlichen Regelungen nicht dazu führt, dass der Gesetzeszweck weniger effektiv verfolgt wird.

### ee) Abgrenzungsschwierigkeiten und unternehmerisches Risiko

Schwierigkeiten bei der Abgrenzung von Netzanschluss und Netzausbau bleiben dennoch bestehen. Eine vertragliche Vereinbarung und damit ggf. auch ein Abweichen von der gesetzlichen Vorgabe könnte gerade bei schwierig gelagerten Fällen eine Regelung herbeiführen.[177] Aus der Perspektive des Anlagenbetreibers stellt sich mitunter die Anschluss- und Netzausbausituation jedoch als sehr undurchsichtig dar.[178] Insofern wird vorgebracht, dass das EEG die Situation der Anlagenbetreiber zwar unterstütze und fördere. Zu diesem Zweck seien den Netzbetreibern die Hauptpflichten auferlegt worden. Mit dem Grundkonzept des EEG habe den Anlagenbetreibern aber nicht jedes unternehmerische Risiko abgenommen werden sollen.[179]

Es stößt jedoch auf Bedenken, die vertragliche Abweichung von gesetzlichen Kostentragungsregeln dem unternehmerischen Risiko zuzuordnen. Dies würde bedeuten, dass der Anlagenbetreiber das „unternehmerische Risiko" tragen sollte, sich bei der Kostenfrage über selbst für die Gerichte schwierig zu beurteilende Sachverhalte besonders gut oder besonders schlecht gegen den Netzbetreiber durchzusetzen. Entspricht es dem „unternehmerischen Risiko", wenn Anschlusskosten abweichend vom Gesetz geregelt werden? Dies wäre höchst intransparent. Je nach Kenntnisstand, Durchsetzungsfähigkeit und Verhandlungsgeschick des Anlagenbetreibers wäre dann ein und dieselbe Erneuerbare-Energie-Anlage unterschiedlich rentabel. Verkannt wird auch, dass das unternehmerische Risiko des Anlagenbetreibers bereits mit dem Bau der Anlage selbst verbunden ist, z.B. wie effizient sie arbeitet, welche Wartungs- und Reparaturkosten aufgebracht werden müssen, in welchem Maße Erneuerbare Energien genutzt werden können, etc.

---

175 A.A. wohl *Klemm*, ET 2007, Heft 4, 62, 65 f., der darauf verweist, dass der Anlagenbetreiber nicht gezwungen sei, eine vom Gesetz abweichende Kostenregelung hinzunehmen. Der Gesetzgeber habe mit dem EEG ein Korrektiv geschaffen, das der Marktmacht des Netzbetreibers im Verhältnis zum Anlagenbetreiber enge Grenzen setze.

176 So *Klemm*, ET 2007, Heft 4, 62, 65.

177 Vgl. hierzu ausführlich: *Klemm*, ET 2007, Heft 4, 62 ff.; OLG Hamm, Urt. v. 6.3.2006 - 17 U 117/05, RdE 2006, 354, 355 m. w. Nachw.

178 Vgl. *Schäfermeier*, ZNER 2007, 323, 326: In vielen Fällen wüssten Anlagenbetreiber aber bei Abschluss des Vertrages nicht, dass es sich bei den vom Netzbetreiber als Anschlusskosten dargestellten Kosten um solche des Netzausbaus handelt.

179 OLG Koblenz, Urt. v. 20.11.2006 - 12 U 87/06, ZNER 2007, 71, 72; OLG Hamm, Urt. v. 6.3.2006 - 17 U 117/05, RdE 2006, 354, 355.

### ff) Der Ursprung der Kostenteilung: analoge Anwendung des § 448 BGB

Vor Einführung der – im Ergebnis gleich gelagerten – gesetzlichen Regelung im EEG 2000 wurde die Kostenverteilung durch den BGH anhand kaufvertraglicher Grundlagen vorgenommen:[180] Die Kosten zur Schaffung der für die Einspeisung erforderlichen technischen Voraussetzungen, insbesondere der Verlegung von Kabeln bis zum Einspeisungsort, habe der Stromerzeuger zu tragen. Mangels anderweitiger Vereinbarung fielen gem. § 448 BGB die Kosten der Übergabe der verkauften Sache dem Verkäufer (also dem Anlagenbetreiber), die Kosten der Abnahme hingegen dem Käufer (also dem Netzbetreiber) zur Last; danach habe der Verkäufer die Kosten des Transports der verkauften Sache bis zum Erfüllungsort zu tragen (also der Anlagenbetreiber die Kosten bis zum Einspeisepunkt).[181] Dieser Rückgriff auf die schuldrechtliche Kostenteilung[182] und insbesondere die Anwendbarkeit des § 448 BGB „mangels anderweitiger Vereinbarung" sprächen für eine Befugnis der Parteien, die Kostenteilung selbst regeln zu dürfen.[183]

Auch wenn das Ergebnis nach § 448 BGB und nach § 13 EEG dasselbe sein mag – der Zweck dieser beiden Vorschriften ist ein anderer. Als Norm des Schuldrechts dient § 448 BGB dem gerechten Ausgleich der unmittelbar beteiligten Parteien. Einen dem EEG vergleichbaren übergeordneten Zweck verfolgt die Norm nicht. Der jeweilige Normzweck ist jedoch entscheidend für die Frage, ob die Rechtsvorschrift zur Disposition der Parteien steht oder nicht. Der Bezug auf die Herleitung der Kostenteilung aus kaufvertraglichen Regelungen ist insofern für die Frage der (teilweisen) Abdingbarkeit unzulässig.

### gg) Fehlende Schutzbedürftigkeit des Anlagenbetreibers

Vielfach wird eingewandt, § 13 EEG 2004 könne bereits deshalb nicht zwingend sein, weil sich der Anlagenbetreiber auf eine vertragliche Vereinbarung zu diesem Punkt nicht einlassen müsse. Denn Anschluss der Anlage, die Abnahme und die Vergütung des angebotenen Stroms müssten über § 12 Abs. 1 EEG 2004 gewährleistet werden. Für den Anlagenbetreiber bestehe deshalb bei der Netzkostenteilung kein gesondertes Schutzbedürfnis. Er könne einen Vertragsschluss schlicht ablehnen, ohne seine wesentlichen Interessen zu gefährden. Mithin erleide der Anlagenbetreiber dadurch, dass die Regelung des § 13 Abs. 2 S. 1 EEG 2004 nicht zwingend, sondern dispositiv sei, keine Nachteile.[184]

Weigert sich der Netzbetreiber, die Anlage ohne eine vorherige Kostenvereinbarung anzuschließen, steht dem Anlagenbetreiber mit § 12 Abs. 5 EEG 2004 ein Mittel zur

---

180 BGH, Urt. v. 29.9.1993 - VIII ZR 107/93, NJW-RR 1994, 175 ff.
181 BGH, Urt. v. 29.9.1993 - VIII ZR 107/93, NJW-RR 1994, 175, 177.
182 Vgl. hierzu bereits die Ausführungen zum grundsätzlich dispositiven Charakter schuldrechtlicher Normen oben auf S. 30.
183 So das LG Kiel, Urt. v. 26.6.2003 - 15 U 236/02, RdE 2004, 232, 233.
184 BGH, Urt. v. 27.6.2007 - VIII ZR 149/06, ZNER 2007, 323, 324; *Klemm*, ET 2007, Heft 4, 62, 65.

Verfügung, den Anschluss kurzfristig gerichtlich durchsetzen zu können.[185] Dem Anlagenbetreiber geht es aber gar nicht darum, dass die Anlage nach Errichtung möglichst schnell ans Netz gehen kann. Sondern für den Anlagenbetreiber stellt sich in der Planungsphase vor allem die Frage, unter welchen Voraussetzungen er die Anlage überhaupt errichtet, insbesondere welche Kosten und Gewinne zu erwarten sind. Der Anlagenbetreiber hat vor diesem Hintergrund ein berechtigtes wirtschaftliches Interesse – notfalls gerichtlich – zu klären, welche Netzanschlusskosten er zu tragen hat.

Hier hilft die einstweilige Verfügung nach § 12 Abs. 5 EEG 2004 jedoch nicht weiter. Sie sichert nur die Durchsetzung der in §§ 4 und 5 bezeichneten Ansprüche, also auf Anschluss der Anlage, Abnahme und Vergütung des Stroms.[186] Welche Kosten den Anlagenbetreiber erwarten, kann mit § 12 Abs. 5 EEG 2004 nicht im Schnellverfahren geklärt werden. Dem Anlagenbetreiber bleibt unter diesen Umständen nur eine gerichtliche Klärung in Form einer Feststellungsklage.[187]

Dies alles belastet den Anlagenbetreiber nachdrücklich. Nicht nur hat er das Prozessrisiko zu tragen, sondern es läuft auch die Zeit bis zu einer rechtskräftigen Entscheidung und damit bis zu dem Punkt, an dem der Anlagenbetreiber erstmals von belastbaren Rechnungsposten ausgehen kann, gegen ihn. Denn je später die Anlage ans Netz geht, desto größer wird die Gefahr, dass die Vergütungen infolge der Degressionsregelung sinken.[188]

Dem BGH ist also nicht zuzustimmen, wenn er ausführt, dass „der Anlagenbetreiber dadurch, dass die Regelung des § 13 Abs. 2 S. 1 EEG nicht zwingend, sondern abänderbar ist, keine Nachteile" erleidet.[189] Will nämlich der Anlagenbetreiber sich nicht auf eine vertragliche Netzkostenregelung einlassen, muss er das Projekt entweder ohne gesicherte Kalkulationen umsetzen oder mit dem Bau der Anlage warten, bis die zu erwartenden Kosten rechtlich geklärt werden konnten.

### hh) Kostenregelung als Teil des gesetzlichen Schuldverhältnisses

Das Landgericht Hannover nahm in seinem Urteil v. 15.3.2006 an, dass § 13 Abs. 2 S. 1 EEG 2004 „Teil des im EEG 2004 geregelten gesetzlichen Schuldverhältnisses ist, das mit den Vorschriften über die Anschluss-, Abnahme- und Vergütungspflicht in zwingender Form ausgestaltet ist und in § 4 Abs. 1 S. 3 EEG 2004 die Möglichkeit einer abweichenden vertraglichen Vereinbarung ausdrücklich zulässt."[190]

---

185 U. a. mit diesem Argument lehnen *Altrock/Oschmann/Theobald*, EEG, § 13 Rn. 26 ein Bedürfnis für die Unabdingbarkeit der Norm ab. Nach dieser Ansicht ist der Anlagenbetreiber durch die Möglichkeit der einstweiligen Verfügung nach § 12 Abs. 5 bereits ausreichend geschützt.
186 *Altrock/Oschmann/Theobald*, EEG, § 12 Rn. 84 a m. w. Nachw.
187 Vgl. *Altrock/Oschmann/Theobald*, EEG, § 12 Rn. 83 unter Bezugnahme auf die Feststellung der Netzanschlussverpflichtung (nicht: Netzkosten) und das Urteil des BGH v. 12.7.2006 - VIII ZR 235/04, RdE 2007, 56 ff.
188 *Schäfermeier*, ZNER 2007, 323, 326.
189 BGH, Urt. v. 27.6.2007 - VIII ZR 149/06, ZNER 2007, 323, 324.
190 LG Hannover, Urt. v. 15.3.2006 - 6 O 289/05, RdE 2006, 322, 324.

Diese Ansicht überdehnt jedoch den Wortlaut des § 12 Abs. 1 EEG 2004. Denn danach darf nur die Erfüllung der Verpflichtungen aus den §§ 4 und 5 nicht vom Abschluss eines Vertrages abhängig gemacht werden.[191] Zwar ist mit § 4 Abs. 2 S. 2 EEG 2004 auch die Netzausbaupflicht des Netzbetreibers Teil des gesetzlichen Schuldverhältnisses. Ob das Netz (unverzüglich) ausgebaut werden muss und welche Kosten in welchem Umfang von wem zu tragen sind, sind jedoch unterschiedliche Fragen, die – wie der Streit um die Abdingbarkeit beweist – unterschiedlich geregelt werden können. Es kann somit nicht davon ausgegangen werden, dass die Kostentragungspflicht der Netzausbaukosten Teil des gesetzlichen Schuldverhältnisses sind. Über diese Argumentation, die sich teils auf den Wortlaut, teils auf die Gesetzessystematik bezieht, lässt sich der zwingende Charakter der Norm nicht begründen.

### ii) Abwälzung der Netzausbaukosten als Verstoß gegen § 307 BGB

Der BGH beurteilte in seiner Entscheidung vom 27.7.2007 die vertragliche Überwälzung von Netzausbaukosten auf den Anlagenbetreiber als mit der Regelung des § 307 Abs. 1 S. 1, Abs. 2 Nr. 1 BGB unvereinbar. Die vertragliche Regelung war als eine für eine Vielzahl von Verträgen vorformulierte Vertragsbedingung, die eine Vertragspartei (Verwender) der anderen Vertragspartei bei Abschluss eines Vertrages stellt, also als allgemeine Geschäftsbedingung im Sinne von § 305 Abs. 1 BGB zu qualifizieren. Den Verstoß gegen Treu und Glauben sah der BGH nun darin, dass der Netzbetreiber dem Anlagenbetreiber eine Pflichterfüllung in Rechnung gestellt hat, nämlich einen Baukostenzuschuss, die er – der Netzbetreiber – nach dem Gesetz selbst zu tragen gehabt hätte. Es sei unangemessen, wenn der Verwender von Allgemeinen Geschäftsbedingungen die Erfüllung seiner eigenen gesetzlichen Pflichten auf den Vertragspartner abwälzt. Insbesondere sei die Unangemessenheit dann anzunehmen, wenn von dispositiven gesetzlichen Bestimmungen abgewichen werde, „soweit diese – wie hier – nicht nur auf Zweckmäßigkeitserwägungen beruhen, sondern dem Gerechtigkeitsgebot Ausdruck verleihen."[192]

Der BGH sah also ein Bedürfnis, die vertragliche Abwälzung von Netzausbaukosten zumindest durch Allgemeine Geschäftsbedingungen nicht gelten zu lassen. Allerdings verkennt er, dass die Kostenregelung des § 13 EEG nicht dem Gerechtigkeitsgebot Ausdruck verleiht. Sie unterstützt die Rechtsposition des Anlagenbetreibers nur als Mittel zu dem Zweck, den Anteil Erneuerbarer Energien effektiv zu erhöhen. Die notwendige Waffengleichheit ist unverzichtbar, wenn das Ziel des EEG wirkungsvoll verfolgt werden soll. Gerechtigkeitserwägungen sind also nicht das verfolgte Ziel der Kostenregelung. Wie bereits gesagt: Es geht dem EEG nicht darum, eine Berufsgruppe gegenüber einer anderen besser zu stellen.

---

191 Die neue Regelung des § 4 Abs. 1 EEG 2009 hingegen sieht vor, dass Netzbetreiber die Erfüllung ihrer Verpflichtungen „aus diesem Gesetz" nicht vom Abschluss eines Vertrages abhängig machen dürfen. S. dazu im Folgenden die Ausführungen auf S. 71.
192 BGH, Urt. v. 27.6.2007 - VIII ZR 149/06, ZNER 2007, 323, 325.

Das Urteil des BGH lässt zwar keine Abwälzung der Netzausbaukosten per Allgemeine Geschäftsbedingungen zu. Über die Wirksamkeit von Individualabreden wurde jedoch nicht geurteilt. Aber auch das individuelle Abweichen von der Kostenteilung des § 13 EEG zum Nachteil des Anlagenbetreibers konterkariert den Zweck des EEG.[193] Die Annahme einer halbzwingenden Norm ist hingegen geeignet, die Zulässigkeit von abweichenden Regelungen klar zu bestimmen.

### b) Notwendige Kosten

Im Hinblick auf die „notwendigen Kosten" lassen sich auch verschiedene Stimmen in der Literatur so verstehen, dass ein vertragliches Abweichen zu Gunsten, nicht aber zum Nachteil des Anlagenbetreibers, also im Sinne einer halbzwingenden Norm, zulässig ist: So nimmt *Dreher*[194] an, dass über den § 13 Abs. 2 hinausgehende und damit nicht notwendige Kosten nur dann vom Netzbetreiber beansprucht werden können, „wenn der Anlagenbetreiber diese Aufwendungen explizit verlangt hat, dann tritt die vertragliche an die Stelle der gesetzlichen Regelung".

*Salje*[195] betont, dass der Anlagenbetreiber nur die notwendigen Anschlusskosten, also nur die „technisch und ökonomisch zwingend erforderlichen Aufwendungen des konkreten Anschlusses" zu tragen habe. Allerdings stehe es dem Anlagenbetreiber „frei, mit dem Netzbetreiber über eine aufwendigere Anschlussart mit dem Ziel zu verhandeln, denkbaren späteren Anlagenerweiterung schon jetzt Rechnung zu tragen und damit spätere Zusatzkosten zu vermeiden."[196]

Die Annahme einer halbzwingenden Norm ist somit auch mit der Forderung zu vereinbaren, genügend vertragliche Flexibilität für eine spätere Ausbauplanung zu gewähren. Dies ist insbesondere dann sinnvoll, wenn eine Anschlusslösung nicht nur dem Anschluss der unmittelbar errichteten Anlage dienen soll, sondern auch spätere Erweiterungen (z.B. eines Windparks oder einer Biogasanlage) vorbereitet.[197] Von der „Notwendigkeit" der Kosten wird hier insoweit abgewichen, als dass die Kosten nicht kurzfristig notwendig sind. Sie sind aber mittelfristig wirtschaftlich sinnvoll und helfen, später auftretende Kosten gering zu halten. Eine vertragliche Vereinbarung ist in dieser Konstellation für beide Seiten sinnvoll, insbesondere ermöglicht sie dem Netzbetreiber eine bessere Netzausbauplanung.[198]

---

193 Vgl. auch *Schäfermeier*, ZNER 2007, 325 f.
194 *Dreher*, in: Hk-EEG, § 13 Rn. 39.
195 *Salje*, EEG (4. Aufl.), § 13 Rn. 12.
196 Dogmatisch begründet *Salje* dies jedoch damit, dass der Netzbetreiber sich, da er diese Kosten erstattet verlangen könne, nach Treu und Glauben (§ 242 BGB) im Zweifel auf ein solches Verlangen einlassen müsse; *Salje*, EEG (4. Aufl.), § 13 Rn. 12.
197 *Altrock/Oschmann/Theobald*, EEG, § 13 Rn. 25.
198 Vgl. *Altrock/Oschmann/Theobald*, EEG, § 13 Rn. 25.

## c) Fazit

Im Streit um die Abdingbarkeit der Kostenteilung nach § 13 EEG 2004 ist vorzugswürdig anzunehmen, dass die Norm halbzwingenden Charakter aufweist. Die Kostenteilung ermöglicht dem Anlagenbetreiber eine belastbare Prognose der Investitionskosten und dient damit maßgeblich dazu, Anreize zum Ausbau Erneuerbarer Energien zu setzen. Ließe man hingegen das Abwälzen von Netzausbaukosten auf den Anlagenbetreiber zu, würde man die Rentabilität einer Anlage vom Verhandlungsgeschick des Anlagenbetreibers abhängig machen. Dies ist mit dem Gesetzeszweck nicht vereinbar. Lässt man hingegen ein Abweichen nur solange zu, wie es den Anlagenbetreiber zumindest nicht benachteiligt, bleibt sowohl die Übernahme der Netzanschlusskosten durch den Netzbetreiber als auch der überobligatorische Netzausbau zu Gunsten einer späteren Projekterweiterung möglich.

## 5. Zusammenfassung

Lediglich die Pflicht zur Duldung des Anschlusses nach § 4 Abs. 1 S. 1 EEG 2004 hat vollständig zwingenden Charakter.
Soweit das Gesetz, wie in § 13 Abs. 1 S. 3 und § 4 Abs. 3 S. 1 EEG 2004, besondere Anforderungen an den Anlagenbetreiber stellt, die zur Gewährleistung der Netzsicherheit nach den §§ 11 ff. EnWG einzuhalten sind, dürfen auch höhere als die gesetzlichen Anforderungen vertraglich vereinbart werden.
Die Abdingbarkeit der Netzkostenteilung gem. § 13 EEG 2004 ist umstritten. Dem Gesetzeszweck wird bestmöglich entsprochen, wenn von der Rechtsvorschrift im Sinne einer halbzwingenden Norm nicht zum Nachteil des Anlagenbetreibers abgewichen werden darf. Das bedeutet zum einen, dass die Netzausbaukosten nicht auf ihn abgewälzt werden dürfen, zum anderen, dass höhere als die notwendigen Kosten nur dann veranschlagt werden dürfen, wenn dies auch dem Interesse des Anlagenbetreibers entspricht.
Auch bei der Bestimmung des Netzverknüpfungspunkts ist der informationellen und wirtschaftlichen Unterlegenheit des Anlagenbetreibers Rechnung zu tragen. Vorzugswürdig ist anzunehmen, dass von dem gesetzlich bestimmten Punkt abgewichen werden darf, wenn dies auch dem Interesse des Anlagenbetreibers entspricht.
Wegen des Kopplungsverbots können vertragliche Vereinbarungen, die im Zusammenhang mit dem Anschluss der Anlage an das Netz stehen, nicht einseitig gefordert und durchgesetzt werden. Eine Ausnahme bildet hier lediglich der ohnehin vertraglich zu begründende Anspruch auf Anschlussherstellung, da sich das Kopplungsverbot zwar auf die Anschluss*duldung*, nicht aber auf die Anschluss*herstellung* bezieht.

## III Vertragliche Vereinbarungen im Zusammenhang mit der Abnahme

Zweite Hauptpflicht des Netzbetreibers ist nach § 4 Abs. 1 S. 1 EEG 2004 die Pflicht, den gesamten aus Erneuerbaren-Energien-Anlagen angebotenen Strom vorrangig abzunehmen. Im Folgenden soll nun näher darauf eingegangen werden, in welchem Zusammenhang vertragliche Vereinbarungen zwischen Anlagen- und Netzbetreiber mit der Abnahme des Erneuerbare-Energien-Stroms stehen können.

### 1. Pflichteninhalt

Die vorrangige Abnahmepflicht des Netzbetreibers erstreckt sich auf den gesamten angebotenen Strom. Eine Gegenleistung in Form eines Stromangebots darf er hingegen vom Anlagenbetreiber nicht fordern.

Dies folgt zum einen schon daraus, dass sich Strom aus Erneuerbaren Energien nicht kontinuierlich und ex ante bestimmbar bereitstellen lässt:[199] Der Windmüller kann nicht zur Stromlieferung verpflichtet sein, wenn kein Wind weht. Zum anderen ist der Anlagenbetreiber aber auch nicht verpflichtet, den ganzen, in seiner Anlage erzeugten Strom anzubieten. Er kann selbst entscheiden, ob und wie viel Strom er nach § 4 Abs. 1 S. 1 anbietet oder über den Strom anderweitig verfügt, etwa anderweitig vermarktet oder für eigene Zwecke verwendet.[200] Dies ergibt sich bereits aus dem Wortlaut, nach dem der Netzbetreiber verpflichtet ist, den Strom abzunehmen, der ihm „angeboten" wird.[201]

Vor diesem Hintergrund sind Verträge, die die Stromabnahme zum Gegenstand haben, als atypische Kaufverträge einzuordnen.[202]

### 2. Unabdingbarkeit

§ 4 Abs. 1 S. 3 EEG 2004 sieht eine ausdrückliche Regelung vor, inwieweit die Abnahmepflicht zur Disposition der Parteien steht: Unbeschadet des § 12 Abs. 1 können Anlagenbetreiber und Netzbetreiber vertraglich vereinbaren, vom Abnahmevorrang abzuweichen, wenn dies der besseren Integration der Anlage in das Netz dient.

#### a) Die Vorgängerregelung

Die dem § 4 Abs. 1 S. 3 EEG 2004 entsprechende frühere Regelung in § 3 Abs. 1 S. 1 EEG 2000 verpflichtete den Netzbetreiber, den gesamten angebotenen Strom aus Erneuerbaren-Energien-Anlagen vorrangig abzunehmen. Ein vertragliches Abweichen war

---

199 *Salje*, Versorgungswirtschaft 2002, 77, 79; *Altrock/Oschmann/Theobald*, EEG, § 12 Rn. 26.
200 *Salje*, Versorgungswirtschaft 2002, 77, 79; *Altrock/Oschmann/Theobald*, EEG, § 4 Rn. 34, § 12 Rn. 26.
201 *Salje*, Versorgungswirtschaft 2002, 77, 79; *Altrock/Oschmann/Theobald*, EEG, § 12 Rn. 26.
202 *Salje*, EEG, § 4 Rn. 71; *Salje*, Versorgungswirtschaft 2002, 77, 79; *Altrock/Oschmann/Theobald*, EEG, § 12 Rn. 25 f.; Danner/Theobald/Oschmann, Energierecht, EEG VI B 1 § 12 Rn.11, Stand: EL 53, April 2006.

– zumindest gesetzlich – nicht vorgesehen und nach überwiegender Ansicht auch nicht zulässig.²⁰³

Ein vertragliches Abbedingen wäre dem Gesetzeszweck zuwider gelaufen, da die Aufnahme von mehr Strom aus Erneuerbaren Energien ja gerade erklärtes Ziel des EEG ist. Bemerkenswert ist jedoch, dass zwar der Netzbetreiber verpflichtet ist, den gesamten erzeugten Strom abzunehmen, der Anlagenbetreiber hingegen frei darüber disponieren konnte und kann, wie viel Strom er in das Netz der allgemeinen Versorgung einspeist. § 3 Abs. 1 S. 1 EEG 2000 und § 4 Abs. 1 S. 1 EEG 2004 verzichten nämlich auf eine Pflicht des Anlagenbetreibers, den gesamten erzeugten Strom in das Netz der allgemeinen Versorgung einzuspeisen. Offenbar wird der Gesetzeszweck also nicht um jeden Preis verfolgt. Konsequenterweise wäre auch der Anlagenbetreiber dazu zu verpflichten, seinen ihm möglichen Teil vollständig beizusteuern. Die Einseitigkeit der Verpflichtung spricht vielmehr dafür, dass hier wiederum zunächst die wirtschaftliche Position des Anlagenbetreibers gestärkt und damit die Investition in EEG-Anlagen attraktiv gemacht werden soll. Die Stärkung der Rechtsposition des Anlagenbetreibers ist auch hier das Mittel zum Zweck. Über die gesetzliche Unterstützung des Anlagenbetreibers sollen günstige Voraussetzungen für eine möglichst umfangreiche Erhöhung der Stromerzeugung in Erneuerbare-Energien-Anlagen geschaffen werden. Der Gesetzgeber sah – damals wie heute – offensichtlich keinen Bedarf, auch den Anlagenbetreiber zu verpflichten – schließlich laufen im Hinblick auf die Einspeisung die Interessen des Anlagenbetreibers mit dem Gesetzeszweck parallel.

### b) § 4 Abs. 1 S. 3 EEG 2004

Mit der Neuregelung durch § 4 Abs. 1 S. 3 EEG 2004 hat sich die Situation teilweise geändert. Von der Abnahmepflicht kann eingeschränkt abgewichen werden. Mit § 4 Abs. 1 S. 3 EEG 2004 wird erstmals bestimmt, dass die Parteien unter eng gefassten Voraussetzungen vom Abnahme*vorrang*, nicht von der Abnahmepflicht als solcher, abweichen dürfen.²⁰⁴ Ausweislich der Gesetzesbegründung darf die vorrangige Abnahmepflicht nun „teilweise abgedungen" werden.²⁰⁵ Die Abnahmepflicht nach § 4 Abs. 1 S. 1 EEG 2004 ist damit nur noch (objektiv) halbzwingend: Der Kernbestand, nämlich die Abnahmepflicht als solche, darf vertraglich nicht ausgeschlossen werden, lediglich vom Abnahmevorrang darf abgewichen werden, wenn dies der besseren Integration der Anlage in das Netz dient.

§ 4 Abs. 1 S. 3 EEG 2004, der die eingeschränkte Disposition erst ermöglicht, ist selbst als zwingende Norm zu qualifizieren. Denn diese Norm fixiert besondere Voraussetzungen, unter denen die Vertragsfreiheit ausgeübt werden darf.²⁰⁶ So dürfen Anlagen-

---

203 *Salje*, EEG (4. Aufl.), § 4 Rn. 120, dort allerdings ohne Erläuterung, woraus sich der zwingende Charakter der Norm ergibt und LG Krefeld, Urt. v. 19.4.2001 - 3 O 355/00, RdE 2002, 109, 109 f. mit dem schlichten Hinweis darauf, dass ansonsten der von dem Gesetz bestimmte Vorrang der Abnahme des Stroms durch einen Netzbetreiber unterlaufen werden könnte.
204 Vgl. *Salje*, EEG (4. Aufl.), § 4 Rn. 93.
205 BT-Drs. 15/2864, S.31.
206 Vgl. hierzu bereits die grundlegenden Ausführungen zum zwingenden Recht auf S. 30.

und Netzbetreiber ein vertragliches Abweichen auch nicht zu einem anderen als dem gesetzlich vorgegebenen Zweck vereinbaren: Die vertragliche Regelung muss der besseren Integration der Anlage in das Netz dienen. Die besonderen Voraussetzungen, die § 4 Abs. 1 S. 3 EEG 2004 nennt, dürfen also vertraglich nicht modifiziert werden.[207]
Die Abbedingung des § 4 Abs. 1 S. 3 EEG 2004, hätte ohnehin keinen Sinn. Denn mit dem Ausschluss des § 4 Abs. 1 S. 3 EEG 2004 stünde die Abnahmepflicht nach § 4 Abs. 1 S. 1 EEG 2004 (wieder) allein. Ohne die Einschränkung, dass von ihr unter bestimmten Voraussetzungen abgewichen werden darf, würde die Abnahmepflicht uneingeschränkt gelten. Mit Blick auf den von ihr verfolgten und bereits erörterten Regelungszweck würde der vollständig zwingende Charakter des § 4 Abs. 1 S. 1 EEG 2004 dann wieder „aufleben". Anders gewendet: Ohne die besondere Regelung in § 4 Abs. 1 S. 3 EEG 2004 wäre eine abweichende vertragliche Regelung nicht möglich.[208]
Insoweit ist *Reshöft* zu widersprechen, der annimmt, dass derartige Vereinbarungen „angesichts der Privatautonomie auch ohne die Vorschrift möglich" wären.[209] Dieser Ansicht zufolge wäre § 3 Abs. 1 S. 1 EEG 2000 als dispositiv zu qualifizieren gewesen. Denn eine – nach Ansicht von *Reshöft* bedeutungslose – Norm, die vertragliche Vereinbarungen ermöglichte, gab es im EEG 2000 noch nicht. *Reshöft* gibt indes auch keine Begründung, warum der Abnahmevorrang dispositiv sei und die Vertragsfreiheit hier uneingeschränkt gelte. Eine uneingeschränkte Vertragsfreiheit wäre jedoch – wie ausgeführt – geeignet, den Gesetzeszweck leer laufen zu lassen.
Bereits aus dem Vorstehenden ergibt sich, dass § 4 Abs. 1 S. 3 EEG nur ein „Angebot" des Gesetzgebers an die Beteiligten ist.[210] Aber auch der Wortlaut des § 4 Abs. 1 S. 3 EEG selbst stellt noch einmal ausdrücklich klar, dass eine vertragliche Regelung fakultativ vereinbart werden *kann,* aber nicht muss: Die vertragliche Vereinbarung kann lediglich „unbeschadet des § 12 Abs. 1" EEG 2004 geschlossen werden. Dies bedeutet, dass das gesetzliche Schuldverhältnis daneben weiterhin besteht. Es wird durch eine vertragliche Vereinbarung im Rahmen des § 4 Abs. 1 S. 3 EEG 2004 nicht berührt. „Unbeschadet des § 12 Abs. 1" meint also, dass für Anlagen- und Netzbetreiber keine Pflicht zum Vertragsschluss besteht.[211] Auch ergibt sich aus § 4 Abs. 1 S. 3 EEG 2004 keine Pflicht zur Aufnahme von Verhandlungen über eine vom Grundsatz des Vorrangs abweichende vertragliche Regelung.[212]

---

207 Vgl. in diesem Sinne auch die Gesetzesbegründung zu § 4 Abs. 1 EEG 2004, BT-Drs. 15/2327, S. 24: „Von der Verpflichtung zum Anschluss einer Anlage zur Erzeugung von Strom aus Erneuerbaren Energien an das Netz wird hierdurch keine Ausnahme zugelassen, da nur eine bereits angeschlossene Anlage stärker in das Netz integriert werden kann. Deshalb kann auch eine Regelung, deren primärer Zweck es ist, die einzuspeisende Menge aus sonstigen Gründen zu verringern, nicht mit dieser Vorschrift gerechtfertigt werden."

208 Wohl a. A.: *Müller*, RdE 2004, 237, 240, der ohne weitere Begründung davon ausgeht, dass § 4 Abs. 1 S. 3 EEG deklaratorisch klarstelle, dass Anlagen- und Netzbetreiber vertraglich vom Abnahmevorrang abweichen könnten, wenn dies der besseren Integration der Anlage in das Netz diene. Wie ausgeführt, ermöglicht § 4 Abs. 1 S. 3 EEG 2004 erst das vertragliche Abweichen vom Abnahmevorrang. Die Norm ist damit nicht deklaratorisch sondern konstitutiv.

209 *Reshöft*, in: Hk-EEG, § 4 Rn. 51.

210 BT-Drs. 15/2327, S. 24.

211 BT-Drs. 15/2327 S. 24; *Altrock/Oschmann/Theobald*, EEG, § 4 Rn. 53; *Salje*, EEG, § 4 Rn. 122.

212 *Danner/Theobald/Oschmann*, Energierecht, EEG VI B 1 § 4 Rn.53, Stand: EL 49, Januar 2005.

Dieser Klarstellung hätte es nicht bedurft: Bereits nach dem Regelungszweck ist § 4 Abs. 1 S. 1 EEG 2004 eine (halb-)zwingende Norm. Das vertragliche Abweichen von der Abnahmepflicht als solcher untergräbt nämlich bereits das Erreichen des Gesetzeszieles, die Erhöhung des Anteils der Erneuerbaren Energien am Gesamtstromverbrauch. Tritt nun neben die Abnahmepflicht eine weitere Regelung, die bestimmt, dass zu einem näher bestimmten Zweck vom Abnahme*vorrang* abgewichen werden *kann*, so geht daraus bereits hervor, dass 1. die Abnahmepflicht selbst als dem Gesetzeszweck dienende Grundpflicht nicht abbedungen werden kann und 2. ein Kontrahierungszwang nicht angeordnet wird („können... vereinbaren").

### 3. Vertragliches Abweichen vom Abnahmevorrang

#### a) Vertragsinhalt und -zweck

Im Rahmen des § 4 Abs. 1 S. 3 EEG 2004 wurden bzw. werden sog. Erzeugungsmanagement- (auch: Netzsicherheits-, Einspeisemanagement-) Vereinbarungen abgeschlossen.[213] Unter einer „besseren Integration der Anlage in das Netz" versteht der Gesetzgeber
- die befristete Drosselung der Anlagen „an einigen wenigen Tagen im Jahr, bei denen beispielsweise aufgrund eines hohen Windenergieaufkommens die mögliche Einspeisungsleistung das Aufnahmepotenzial übersteigt" und dadurch vermeidbarer Netzausbau oder
- die stärkere Ausrichtung der Stromeinspeisung am tatsächlichen Energiebedarf oder
- die Bereitstellung benötigter Regelenergie oder
- die Drosselung von Anlagen, um den Bedarf an Regelenergie zu verringern oder
- die Lieferung von Blindstrom oder
- die Bereitstellung von Daten und Informationen, die für den Netzbetrieb vorteilhaft sind.[214]

Mit § 4 Abs. 1 S. 3 EEG 2004 will der Gesetzgeber ermöglichen, „im Sinne eines gegenseitigen Gebens und Nehmens Vereinbarungen zu treffen, die für beide Seiten und letztlich für den Stromkunden vorteilhaft sind."[215] Beispiel: Der Anlagenbetreiber verzichtet auf die Einspeisung zu bestimmten Zeiten. Dadurch spart der Netzbetreiber notwendige Kosten für Ausgleichsenergie. Allerdings geht der Gesetzgeber auch davon aus, dass der Anlagenbetreiber für diesen Verzicht auf die Einspeisung einen finanziellen Ausgleich vom Netzbetreiber erhält.[216]
*Altrock/Wustlich*[217] ziehen in diesem Zusammenhang eine Parallele zu einer Vergleichsregelung im Sinne des § 779 BGB. Allerdings trete hier die Besonderheit hinzu,

---

213 *Altrock/Oschmann/Theobald*, EEG, § 4 Rn. 39.
214 BT-Drs. 15/2864 S. 32.
215 BT-Drs. 15/2864 S. 33.
216 BT-Drs. 15/2864 S. 33.
217 *Altrock/Oschmann/Theobald*, EEG, § 4 Rn. 41, 42.

dass der Vergleich nicht nur den Interessen der Vertragsparteien sondern auch der Stromkunden entspreche.

Zweifelhaft ist jedoch, ob der Anreiz, der von § 4 Abs. 1 S. 3 EEG 2004 gesetzt werden will, auch von den Parteien als solcher wahrgenommen wird. Der mit einer solchen Vereinbarung verbundene Aufwand erscheint sehr hoch, ohne dass ersichtlich ist, wie und warum eine der beiden Vertragsparteien einen lohnenswerten Vorteil erhalten sollte. Im Ergebnis mag der Stromkunde von geringeren volkswirtschaftlichen Kosten profitieren. Für Anlagen- und Netzbetreiber wird es jedoch jeweils wenig Grund geben, sich auf derartige Vereinbarungen einzulassen.[218]

Der Gesetzgeber lässt mit § 4 Abs. 1 S. 3 EEG 2004 Vertragsvereinbarungen zu einem bestimmten Zweck ausdrücklich zu. Wer im Rahmen dieses Vertrages welche Kompromisse eingeht, wird jedoch der Vertragsfreiheit der Parteien vollständig überlassen. Frei ist dabei die Entscheidung, *ob* ein Vertrag geschlossen wird, ebenso wie die Entscheidung, *welche Inhalte* vereinbart werden. Die Besonderheit dieser Norm liegt darin, dass der Gesetzgeber für einen eng umgrenzten Bereich den Anlagenbetreiber in die „ungeschützte" Vertragsfreiheit entlässt. Es liegt hier allein im Ermessen des Anlagenbetreibers, ob er seinen grundsätzlich garantierten Abnahmevorrang durch individuelle Vereinbarungen zu modifizieren wagt.

Ein weiterer Umstand kommt hinzu: Auch wenn der Netzbetreiber ein grundsätzliches Interesse an einer vertraglichen Vereinbarung zum Abnahmevorrang haben mag, so gibt es aus seiner Sicht wenig Anlass, sich auf ein „Geben und Nehmen" einzulassen. Denn unter bestimmten Umständen ist nicht nur der Abnahmevorrang sondern bereits die Abnahmepflicht als solche gesetzlich eingeschränkt. Diese Ausnahme von der Abnahmepflicht beeinflusst die Interessenlage bei möglichen Verträgen. Des Weiteren ergeben sich aus ihr weitere klärungsbedürftige Fragen, die Gegenstand vertraglicher Vereinbarungen sein könnten. Im Folgenden soll daher dargestellt werden, unter welchen Umständen eine vollständige Pflicht zur Abnahme von EEG-Strom nicht besteht, um die Interessenlage bei dem Abschluss von Verträgen zu verdeutlichen.

### b) Ausnahmen von der Abnahmepflicht: Drosselung von EEG-Anlagen gem. § 13 Abs. 1 EnWG

Bestimmte Betriebskonstellationen, insbesondere dann, wenn eine Gefahr für die Versorgungssicherheit besteht und ein Netzzusammenbruch droht, machen die Abschaltung einzelner oder aller Stromerzeugungsanlagen erforderlich.[219] Sofern die Sicherheit oder Zuverlässigkeit des Elektrizitätsversorgungssystems in der jeweiligen Regelzone gefährdet oder gestört ist, sieht § 13 Abs. 1 S. 1 EnWG vor, dass Betreiber von Übertragungsnetzen berechtigt und verpflichtet sind, die Gefährdung oder Störung durch 1. netzbezogene Maßnahmen, insbesondere durch Netzschaltungen, und 2. genauer beschriebene marktbezogene Maßnahmen zu beseitigen. Satz 2 nimmt in diesem Zusam-

---

218 *Reshöft*, in: Hk-EEG, § 4 Rn. 51. Vgl. zu den Hintergründen, warum vertragliche Vereinbarungen in diesem Bereich kaum geschlossen werden, die folgenden Ausführungen auf S. 59.
219 *Salje*, EEG (4. Aufl.), § 4 Rn. 96.

menhang Bezug auf das EEG: Bei netzbezogenen Maßnahmen nach Satz 1 sind die Verpflichtungen nach § 4 Abs. 1 EEG 2004 zu berücksichtigen. Der Netzbetreiber ist auf diese Weise verpflichtet, Versorgungssicherheit zu gewährleisten, vgl. §§ 1, 2 EnWG. Des Weiteren bleiben nach § 2 Abs. 2 EnWG die Verpflichtungen des EEG vorbehaltlich des § 13 EnWG unberührt. Die Pflicht zur Beseitigung der Netzstörung oder Gefährdung geht also gegenüber den Pflichten aus § 4 Abs. 1 EEG vor.[220] Falls die Netzsicherheit ernsthaft gefährdet wird, kann es zu einer teleologischen Reduktion der Vorrangregel des § 4 EEG 2004 kommen.[221] In der von § 13 Abs. 1 EnWG beschriebenen Situation hat der Netzbetreiber die Verpflichtungen des EEG zwar zu *berücksichtigen*. Wenn aber die Gefährdung oder Störung nicht anders als durch Drosselung der Einspeisung oder gar Trennung der Erzeugungsanlagen vom Netz behoben werden kann, sind auch EEG-Anlagen abzuschalten.[222] Auch räumt die „Berücksichtigung" der EEG-Pflichten dem Netzbetreiber einen relativ weiten Beurteilungsspielraum ein.[223] Selbst wenn der Anlagenbetreiber später über die Gründe für die Drosselung bzw. Nichtabnahme informiert wird – die Gründe, die den Netzbetreiber in einer spezifischen Situation dazu bewogen haben, den EEG-Pflichten mehr oder weniger Gewicht einzuräumen, werden rechtlich nur sehr eingeschränkt überprüfbar sein.[224]

Das EEG 2004 sieht keine Regelungen vor, inwieweit EEG-Anlagen bei drohender Gefahr für die Versorgungssicherheit gedrosselt oder abgeschaltet werden dürfen.[225]

### c) Interessenlage

Netzbetreiber wollen und müssen in erster Linie ihrer Pflicht zur Gewährleistung der Versorgungssicherheit nachkommen. Aus dieser Perspektive wird verständlicherweise gefordert, dass im Bedarfsfall alle, die mit dem Netz des Netzbetreibers verbunden sind, ihrer Zusammenarbeitspflicht nachkommen, vgl. § 13 Abs. 2 S. 1 EnWG, z. B. in Form einer Teilnahme der EEG-Anlagenbetreiber an einem Netzsicherheitsmanagement der

---

220 Vgl. BT-Drs. 15/2864, S. 28: Der Vorrang der Erneuerbaren Energien findet „im Sinne einer praktischen Konkordanz allerdings dort seine Grenze, wo die Sicherheit und Funktionsfähigkeit des Netzes nicht mehr aufrechterhalten werden kann."
221 *Altrock/Oschmann/Theobald*, EEG, § 2 Rn. 38.
222 *Salje*, EnWG, § 13 Rn. 20.
223 Vgl. *Schmidt/Klauß/Rohrberg*, in: Schöne, Vertragshandbuch Stromwirtschaft, S. 1171 Rn. 141; S. 1151 Rn. 91.
224 So weist *Salje*, EEG (4. Aufl.), § 4 Rn. 108 treffend darauf hin, dass es wegen §§ 13 Abs. 1 S. 2, 49 EnWG vertretbar sein möge, wenn zur Aufrechterhaltung der Versorgungssicherheit ein Grundlastkraftwerk auch dann noch am Netz gehalten wird, wenn dieses eigentlich mit EEG-Strom vollständig ausgelastet ist, aber Grundlaststrom unabdingbar benötigt werde, um wegen der stark unstetigen Einspeisung zu kompensieren. Als Beispiel führt er Starkwind an, der sich zum Orkan auswachsen kann, was zum sofortigen Abschalten einer Vielzahl von Windenergieanlagen führen wird, um Propellerbruch zu vermeiden.
225 § 4 Abs. 3 S. 1 EEG 2004 bezieht sich lediglich auf Ausnahmen von der Anschlusspflicht. Anknüpfungspunkt ist die zeitweise vollständige Auslastung durch EEG-Strom. *Salje*, EEG (4. Aufl.), § 4 Rn. 100 zieht daraus – in entsprechender Anwendung des § 4 Abs. 3 S. 1 EEG 2004 auf die Abnahmepflicht – die Konsequenz, dass „eine Reduktion der Abnahmeverpflichtung jedenfalls dann gerechtfertigt ist, wenn das Netz bereits durch EEG-Strom ausgelastet ist."

Netzbetreiber.[226] So wird unter Hinweis auf §§ 1, 2 Abs. 2, 13 EnWG ein entsprechender Vertragsschluss verlangt, da nur so Netzsicherheit garantiert und die Einspeisung im erforderlichen Maße kontrolliert werden könne.[227] Wo die Netzbetreiber „nur" ihrer Pflicht nachkommen, sind sie nachvollziehbarerweise wenig geneigt, den Anlagenbetreibern für die – unter besonderen Umständen auch erzwingbare – Kooperation Gegenleistungen anzubieten.

Auf der anderen Seite lehnen die Anlagenbetreiber unter Berufung auf das Kopplungsverbot des § 12 Abs. 1 EEG 2004 vertragliche Vereinbarungen ab, in denen sie schon freiwillig erklären sollen, dass ihre Anlage – notfalls auf Null – gedrosselt werden darf. Schließlich würden sie mit einer solchen Vereinbarung entschädigungslos auf Einspeisevergütungen verzichten.

Die Interessenlagen sind also völlig konträr.[228]

### d) Fazit

In den dargestellten Konstellationen treffen zwei Gesetzesziele aufeinander: Die Förderziele des EEG lassen sich – wie hier – nicht immer mit den Zielen des EnWG vereinbaren. Mit der Regelung des § 4 Abs. 1 S. 3 EEG 2004 appelliert der Gesetzgeber an die Parteien, die Förderung der Erneuerbaren Energien mit den EnWG-Zielen nach § 13 Abs. 1 EnWG durch vertragliche Regelung in Einklang zu bringen. In der Praxis finden die Parteien jedoch nur schwer zu einer vertraglichen Regelung. Dies verwundert kaum. Anlagenbetreiber und Netzbetreiber erfahren beide jeweils gesetzliche Unterstützung, die sie nicht bereit sind, auf vertraglicher Basis wieder einzubüßen.

Ebenso wenig verwundert, dass aus dieser Situation ein Folgeproblem erwächst: Was passiert, wenn der Netzbetreiber den Strom vorübergehend nicht abnimmt, weil beispielsweise das Netz überlastet ist oder weil betriebsbedingte Arbeiten am Netz vorzunehmen sind? Kann der Anlagenbetreiber Ersatz der ihm entgangenen Vergütung verlangen?

### 4. Schadensersatz- und Haftungsregelungen

In welchen Fällen eine Drosselung oder Abschaltung einer Anlage in rechtmäßiger Weise erfolgt, ist im EEG 2004 nicht geregelt.[229] Dabei können vielfältige Gründe zu einer Beeinträchtigung der Abnahmeverpflichtung führen.[230] Schadensersatz- und Vergütungsausfallzahlung können schnell hohe Summen erreichen, so dass grundsätz-

---

226 *Schmidt/Klauß/Rohrberg*, in: Schöne, Vertragshandbuch Stromwirtschaft, S. 1172, Rn. 144.
227 *Schmidt/Klauß/Rohrberg*, in: Schöne, Vertragshandbuch Stromwirtschaft, S. 1163 Rn. 116, S. 1165 Rn. 120, 123, S. 1169 Rn. 135, S. 1173 Rn. 146.
228 *Schmidt/Klauß/Rohrberg*, in: Schöne, Vertragshandbuch Stromwirtschaft, S. 1168, Rn. 131.
229 *Salje*, EEG (4. Aufl.), § 4 Rn. 99.
230 Vgl. die beispielhafte Aufzählung und Ausführungen bei *Salje*, EEG (4. Aufl.), § 4 Rn. 99 ff.: Wartung und Überholung des Netzes, Schädigung des Netzes durch Naturkatastrophen oder Unfälle, Überlastung des Netzes wegen zu hoher EEG-Einspeisungsleistungen aus EEG-Strom bzw. vollständige Auslastung mit EEG-Strom, sonstige Störungen des bestimmungsgemäßen Netzbetriebs.

lich für beide Parteien Anlass besteht, Haftungsfragen im Vorfeld vertraglich zu regeln. Allerdings ist die Interessenlage wiederum dadurch gekennzeichnet, dass keine der Vertragsparteien bereit ist, auf Schadensersatzansprüche zu verzichten, die ihr gesetzlich zustehen. Ebenso ist keine Vertragspartei bereit, sich vertraglich zum Schadensersatz zu verpflichten, wo das Gesetz keine Haftung vorsieht. Je nach Position und Rechtsansicht wird dadurch die Vertragsgestaltung erschwert.

Nach Ansicht der Netzbetreiber dürfen sich zumindest daraus, dass sie einerseits gegenüber dem Anlagenbetreiber aus §§ 4 und 5 EEG 2004 verpflichtet sind und andererseits die Versorgungssicherheit gem. §§ 1, 2, 11 ff. EnWG zu gewährleisten haben, keine Schadensersatzverpflichtungen ergeben.[231] Eine solche Schadensersatzpflicht würde nämlich im Ergebnis bedeuten, dass der Netzbetreiber den wirtschaftlichen Schaden tragen muss, der sich aus den gegenläufigen Gesetzeszielen des EnWG und EEG ergibt. Dem Netzbetreiber ist also daran gelegen, dass die Vergütungspflicht insoweit „ausgesetzt" wird, wie die Anlagen aus Gründen der Versorgungssicherheit gedrosselt oder abgeschaltet werden dürfen. Mit anderen Worten: Besteht keine Abnahmepflicht, soll auch keine Vergütungspflicht bestehen.

Des Weiteren hat der Netzbetreiber ein Interesse daran, dass er Schäden durch störende Netzrückwirkungen, die evtl. von der EEG-Anlage ausgehen, von dem Anlagenbetreiber ersetzt verlangen kann.[232] Die Anlagenbetreiber hingegen können sich darauf beziehen, dass Abnahmepflicht nach § 4 Abs. 1 EEG 2004 und Vergütungspflicht nach § 5 Abs. 1 EEG 2004 unverbunden nebeneinander stehen. Auch im Falle einer Abschaltung kann die Vergütungspflicht daher unberührt bestehen bleiben.[233]

Das EEG 2004 enthält keine ausdrücklichen Regelungen zur vertraglichen Vereinbarung von Haftungsklauseln. Soweit der Anlagenbetreiber sich (freiwillig) vertraglich einverstanden erklärt, für durch seine Anlage verursachte Netzschäden aufzukommen, steht das EEG dem nicht entgegen. Das EEG will den Anlagenbetreiber zwar fördern, gewährt aber keine risikolose Freiheit, Schäden zu verursachen.

Soweit andererseits vertragliche Vereinbarungen, insbesondere Allgemeine Geschäftsbedingungen, die Haftung der Anlagen- und Netzbetreiber beschränken, ist zu differenzieren:

Häufig wurde bzw. wird über § 6 AVBEltV bzw. § 18 NAV ein Haftungsausschluss bzw. eine Haftungsbeschränkung vereinbart.[234] Die Zulässigkeit einer analogen Anwendung dieser Vorschriften ist jedoch umstritten: Während die Rechtsprechung[235]

---

231 *Schmidt/Klauß/Rohrberg*, in: Schöne, Vertragshandbuch Stromwirtschaft, S. 1179, Rn. 164. Darunter fällt beispielsweise auch die Unterbrechung der Abnahme wegen betriebsbedingter Netzarbeiten: *Schmidt/Klauß/Rohrberg*, in: Schöne, Vertragshandbuch Stromwirtschaft, S. 1163, Rn. 115.
232 Vgl. *Schmidt/Klauß/Rohrberg*, in: Schöne, Vertragshandbuch Stromwirtschaft, S. 1163, Rn. 114: „Berücksichtigt man jedoch die enorme vom Netzbetreiber zu tragende Verantwortung, die Versorgung der Allgemeinheit mit elektrischer Energie sicherzustellen, so wird die Versagung vertraglicher Schadensersatzansprüche dem nicht gerecht."
233 *Salje*, EEG (4. Aufl.), § 4 Rn. 99.
234 *Altrock/Oschmann/Theobald*, EEG, § 12 Rn. 35; *Salje*, EEG (4. Aufl.), § 4 Rn. 175; *v. Tettau*, ZNER 2003, S. 29.
235 OLG Koblenz, Urt. v. 28.9.1999 - 1 U 1044/96, RdE 2000, 74, 77.

davon ausging, dass eine Haftungsbeschränkung in Anlehnung an §§ 6, 7 AVBEltV nicht zu beanstanden sei, wird die Zulässigkeit solcher Haftungsbeschränkungen im Wege Allgemeiner Geschäftsbedingungen in der Literatur überwiegend angezweifelt.[236] Eine pauschale Lösung wird hier nicht zu finden sein, da das EEG 2004 selbst keine Regelungen zu Haftungsfragen vorsieht. Andererseits besteht ein Bedürfnis der Parteien nach Rechtssicherheit. Es ist zulässig, diese Rechtssicherheit durch vertragliche Regelungen herzustellen, solange diese vertraglichen Absprachen nicht die Hauptpflichten des Netzbetreibers über die gesetzlich bereits vorgesehenen Ausnahmemöglichkeiten hinaus suspendieren. Haftungsbeschränkungen finden dort ihre Grenzen, wo die unabdingbaren Rechte des Anlagenbetreibers ausgehöhlt werden.[237] Haftungsregelungen können also vereinbart werden, soweit sie den durch das EEG 2004 gezogenen Rahmen beachten. Von Vorschriften, die die Dispositionsbefugnis der Parteien einschränken, darf auch im Rahmen von Haftungsbeschränkungen nicht abgewichen werden.

Auch besteht kein Anspruch auf Abschluss einer vertraglichen Haftungsregelung.[238]

## 5. Zusammenfassung

An der Abnahmepflicht gem. § 4 Abs. 1 S. 1 EEG 2004 zeigt sich besonders deutlich, dass die gesetzliche Förderung Erneuerbarer Energien überwiegend einseitige Pflichten auferlegt. Denn nur der Netzbetreiber ist zur Abnahme verpflichtet, nicht der Anlagenbetreiber zur Stromlieferung. Nach der Novellierung durch das EEG 2004 weist die in § 4 Abs. 1 S. 1 vorgesehene Abnahmepflicht halbzwingenden, die Möglichkeit der vertraglichen Abweichung vom Abnahmevorrang gem. § 4 Abs. 1 S. 3 zwingenden Charakter auf. Dort jedoch, wo das Gesetz die Dispositionsbefugnis ausdrücklich eröffnet und vertragliche Vereinbarungen begrüßt, erschweren unterschiedliche Interessenlagen die Konsensfindung. Während seitens der Netzbetreiber gefordert wird, dass von der Abnahmepflicht ersatzlos abgesehen werden müsse, wenn es um die Gewährleistung der Netzsicherheit geht, gibt es für Anlagenbetreiber keinen Anlass ihre gesetzlich garantierten Ansprüche vertraglich einzuschränken.

Für vertragliche Haftungsregelungen lässt das EEG grundsätzlich Raum. Diese finden ihre Grenzen allerdings dort, wo von zwingenden Regelungen abgewichen werden soll.

---

236 *Altrock/Oschmann/Theobald*, EEG, § 12 Rn. 37; *Salje*, EEG (4. Aufl.), § 4 Rn. 175 ff.; *v. Tettau*, ZNER 2003, S. 29 ff.
237 Vgl. *Altrock/Oschmann/Theobald*, EEG, § 12 Rn. 37; *Salje*, EEG (4. Aufl.), § 4 Rn. 177; *v. Tettau*, ZNER 2003, S. 29, 30.
238 *Salje*, EEG (4. Aufl.), § 12 Rn. 16.

## IV Vertragliche Vereinbarungen im Zusammenhang mit der Vergütung

Als dritte Grundpflicht haben Netzbetreiber nach § 5 Abs. 1 S. 1 EEG 2004 Strom aus EEG-Anlagen nach Maßgabe der §§ 6 bis 12 zu vergüten. Die für die einzelnen Sparten in den §§ 6 bis 11 EEG 2004 jeweils festgesetzten Mindestvergütungen sind dabei von dem „Prinzip geleitet, den Betreibern von optimierten Anlagen zur Erzeugung von Strom aus Erneuerbaren Energien bei rationeller Betriebsführung einen wirtschaftlichen Betrieb dieser Anlagen grundsätzlich zu ermöglichen."[239] Die unterschiedlichen Vergütungshöhen versuchen insofern, den tatsächlichen Kosten von Anlagenerrichtung und -betrieb gerecht zu werden.[240] „Grundlage für die Ermittlung der Vergütung sind insbesondere die Investitions-, Betriebs-, Mess- und Kapitalkosten eines bestimmten Anlagentyps bezogen auf die durchschnittliche Lebensdauer sowie eine marktübliche Verzinsung des eingesetzten Kapitals."[241]

### 1. Vertragliches Abweichen von den gesetzlichen Vergütungshöhen

#### a) Abweichen nach unten

Eine vertragliche Vereinbarung, dass die für eine bestimmte Sparte vorgesehene Mindestvergütung unterschritten wird, ist nach überwiegender Ansicht nicht zulässig. Die gesetzlichen Vergütungsregelungen sind unabdingbares, zwingendes Recht.[242]
Als Argument wird zum einen die Ausgestaltung als *Mindest*vergütung angeführt. Der jeweils festgelegte Betrag sei in jedem Fall einzuhalten und jede Kürzung der Einspeisvergütung würde einen Eingriff in die Höhe des gesetzlich vorgeschriebenen Entgelts bedeuten.[243] Die Rechtsprechung bezieht sich damit im Wesentlichen auf den Wortlaut des Gesetzes, aus dem bereits hervorgehe, dass eine Mindestvergütung auch vertraglich nicht unterschritten werden dürfe. Wenn das EEG in diesem Punkt vertragliche Rege-

---

239 BT-Drs. 15/2864, zu den §§ 6 bis 11, S. 36.
240 *Altrock/Oschmann/Theobald*, EEG, § 5 Rn. 9.
241 BT-Drs. 15/2864, zu den §§ 6 bis 11, S. 36.
242 *Altrock/Oschmann/Theobald*, EEG, § 5 Rn. 14 m. w. Nachw. unveröffentlichter Rechtsprechung, § 12 Rn. 24; *Danner/Theobald/Oschmann*, Energierecht, EEG VI B 1 § 5 Rn. 19, Stand: EL 56, Mai 2007; aus der Rspr.: OLG Hamm, Urt. v. 7.11.2003 – Az. 29 U 61/03, Rn. 76, veröffentlicht unter www.justiz.nrw.de (Abrufdatum 26.8.2008) zu §§ 3 Abs. 1, 7 EEG 2000; OLG Hamm, Urt. v. 12.9.2003 - 29 U 14/03, ZNER 2003, 335, 336 f. zu §§ 3 Abs. 1, 7 EEG 2000; OLG Koblenz, Urt. v. 28.9.1999 – 1 U 1044/96, RdE 2000, 74, 76 zu §§ 2, 3 StrEG 1998; vgl. auch *Medicus*, Schuldrecht I, 17. Aufl. 2006, Rn. 87: „Zwingend sind insbesondere die (noch immer seltenen) Vorschriften außerhalb des BGB, welche die Preise von Waren oder Dienstleistungen binden: meist als Höchstpreis, mitunter aber auch als Mindest- oder Festpreise."; das LG Chemnitz, Urt. v. 13.10.2006 – I O 798/06, RdE 2007, 206, 207 differenziert insoweit, dass nur die Wirkleistung nach den gesetzlichen Mindestvorgaben zu vergüten ist, nicht hingegen der Blindstromanteil. Auf vertragliche Vereinbarungen zur Blindstromfahrweise wird im Folgenden ab S. 65 näher eingegangen.
243 OLG Hamm, Urt. v. 7.11.2003 – Az. 29 U 61/03, Rn. 76, veröffentlicht unter www.justiz.nrw.de (Abrufdatum 26.8.2008) zu §§ 3 Abs. 1, 7 EEG 2000; OLG Hamm, Urt. v. 12.9.2003 - 29 U 14/03, ZNER 2003, 335, 337.

lungen verschweige, sei dies keine Lücke, sondern belege die Ausgestaltung als zwingende Mindestvergütung.[244]

Zum Teil wird auch auf den Gesetzeszweck abgestellt: Bei Vereinbarungen über Vergütungen, die unter den gesetzlichen Werten liegen, bestehe die Gefahr, dass die rentable Nutzung von EEG-Anlagen – und damit der Gesetzeszweck – unterlaufen und ausgehebelt werden könnte.[245] *Altrock/Theobald* bemühen in diesem Zusammenhang gar die gestörte Vertragsparität: Eine Unterschreitung der Mindestvergütung würde „dem Zweck des EEG zuwiderlaufen, „insbesondere wenn Anlagenbetreiber gegenüber den vielfach in einer stärkeren Position befindlichen Netzbetreibern zu vertraglichen Regelungen gedrängt werden könnten".[246]

Bezeichnenderweise wird im Zusammenhang mit der Vergütung nicht – wie vielfach an anderer Stelle – darauf verwiesen, dass die Regelung deshalb nicht zwingend sein müsse, weil der Anlagenbetreiber sich auf eine abweichende vertragliche Regelung nicht einlassen müsse. Auch hier könnte man der Ansicht sein, dass der Anlagenbetreiber keinen Nachteil davon hätte, wenn die Vergütungsregelungen dispositiv sind, schließlich kann der Anlagenbetreiber einen Vertragsschluss ablehnen und die Vergütungsansprüche direkt aus dem Gesetz herleiten. Die überwiegende Annahme eines zwingenden Charakters der Norm mag auf den Wortlaut und die Einordnung als gesetzliches Schuldverhältnis zurückzuführen sein. Insbesondere letzteres überzeugt jedoch nicht restlos. Denn auch gesetzliche Schuldverhältnisse können vertraglich abbedungen werden. Der zwingende Charakter der Mindestvergütung ergibt sich nicht allein aus der Ausgestaltung als gesetzliches Schuldverhältnis, sondern vielmehr aus dem Gesetzeszweck, den die Regelungen des EEG verfolgen.

### b) Abweichen nach oben

Das Gesetz legt lediglich fest, welche Vergütung *mindestens* zu zahlen ist. Höhere Vergütungssätze dürfen hingegen vertraglich vereinbart werden.[247]

Allerdings hat auch der Netzbetreiber, der höhere Vergütungen verspricht, gegen den vorgelagerten Übertragungsnetzbetreiber nur einen Anspruch aus § 5 Abs. 2 EEG 2004 auf Vergütung entsprechend der Mindestvergütungssätze.[248]

---

244 OLG Hamm, Urt. v. 7.11.2003 – Az. 29 U 61/03, Rn. 76, veröffentlicht unter www.justiz.nrw.de (Abrufdatum 26.8.2008) zu §§ 3 Abs. 1, 7 EEG 2000; OLG Hamm, Urt. v. 12.9.2003 - 29 U 14/03, ZNER 2003, 335, 337.
245 *Danner/Theobald/Oschmann*, Energierecht, EEG VI B 1 § 5 Rn.19, Stand: EL 56, Mai 2007 m. w. Nachw., insb. Verweise auf unveröffentlichte Rspr.
246 *Altrock/Oschmann/Theobald*, EEG, § 5 Rn. 14.
247 *Altrock/Oschmann/Theobald*, EEG, § 5 Rn. 13; *Danner/Theobald/Oschmann*, Energierecht, EEG VI B 1 Einf. Rn. 35, Stand: EL 49, Januar 2005; § 5 Rn.18, Stand: EL 56, Mai 2007.
248 *Altrock/Oschmann/Theobald*, EEG, § 5 Rn. 13; *Danner/Theobald/Oschmann*, Energierecht, EEG VI B 1 § 5 Rn.18, Stand: EL 56, Mai 2007.

## c) Rechtsnatur der Vorschrift

Zusammengefasst dürfen zwar höhere aber keine niedrigeren Vergütungen als die gesetzlich vorgesehenen vereinbart werden. Damit darf zum Vorteil, nicht aber zum Nachteil des Anlagenbetreibers abgewichen werden. Das materielle Ergebnis entspricht damit wiederum der Wirkung einer halbzwingenden Norm. Dass es sich hier dennoch um eine (vollständig) zwingende Norm handelt, ist dem Kunstgriff zuzuschreiben, dass hier die Mindestanforderung, also die nach oben offene Abweichmöglichkeit, bereits in der Rechtsvorschrift selbst angelegt ist.

Abzulehnen ist jedoch die Auffassung, dass es sich um eine Verbotsnorm im Sinne des § 134 BGB handelt.[249] Die Vergütungsregelungen geben von vornherein klar vor, welcher Mindestsatz zu zahlen ist und Vereinbarungen, die darunter bleiben, stehen insofern nicht in der Regelungsmacht der Parteien.

Auch die Annahme eines Verstoßes gegen § 307 BGB[250] ist unnötig, da zwingende Regelungen nicht der individualvertraglichen Parteidisposition unterliegen und erst recht nicht durch Formularverträge abbedungen werden können.

## 2. Vertragliche Vereinbarungen zu Blindmehrarbeitskosten

Gegenstand zahlreicher Rechtsstreitigkeiten in der Praxis ist die Frage, ob der Netzbetreiber dem Anlagenbetreiber Kosten für erforderliche Blindmehrarbeit in Rechnung stellen darf.

Unter Blindleistung wird elektrotechnisch derjenige Anteil an der elektrischen Leistung verstanden, der in einem Wechsel- und Drehstromkreis zum Aufbau elektrischer und magnetischer Felder verbraucht wird und daher nicht zur tatsächlichen Arbeitsleistung beim Verbraucher beiträgt, wohl aber beim zeitlichen Zerfall dieser Felder zurück gewonnen wird.[251] Optimal ist dabei ein Leistungsfaktor von 1, der die maximale Aufnahmekapazität des Netzes und die maximale Einspeisung von reinem Wirkstrom ermöglicht. Bei Abweichungen von diesem Leistungsfaktor wird die Aufnahmekapazität des Netzes beeinträchtigt.[252] Kann der Blindleistungsfaktor vom Anlagenbetreiber nicht in dem üblichen Korridor von 0,98 und 1 gehalten werden, muss der Netzbetreiber dies ausgleichen und Blindmehrarbeit leisten.

---

249 So *Altrock/Oschmann/Theobald*, EEG, § 5 Rn. 14 (m. w. Nachw.): Bei der Mindestvergütungspflicht für Strom aus Erneuerbaren Energien handele es sich um gesetzliche Preisbestimmungen, die regelmäßig als Verbotsgesetze i. S. d. § 134 BGB anzusehen seien; dagegen: *Medicus*, Schuldrecht I, 17. Aufl. 2006, Rn. 87: „Zwingend sind insbesondere die (noch immer nicht seltenen) Vorschriften außerhalb des BGB, welche die Preise von Waren oder Dienstleistungen binden: meist als Höchstpreis, mitunter aber auch als Mindest- oder Festpreise."

250 *Altrock/Oschmann/Theobald*, EEG, § 5 Rn. 14, Klauseln, die eine Verringerung der Mindestvergütung vorsehen, seien wegen Verstoßes gegen § 307 BGB unwirksam, weil sie im Widerspruch zu den wesentlichen Grundgedanken der gesetzlichen Regelung stünden, m. Verw. auf unveröffentlichte Rspr.

251 *Brockhaus*, Naturwissenschaft und Technik, Stichwort „Blindleistung".

252 *Schmidt/Klauß/Rohrberg*, in: Schöne, Vertragshandbuch Stromwirtschaft, S. 1158 f, Rn. 107.

Regelungen zur Blindarbeit sind daher häufig Gegenstand vertraglicher Vereinbarungen. Darin verpflichtet sich der Anlagenbetreiber regelmäßig, den üblichen Leistungsfaktor einzuhalten. Sofern ihm dies nicht gelingt, wird der Netzbetreiber dazu berechtigt, für die Einspeisung und/oder den Bezug zusätzlicher Blindarbeit ein Entgelt in Höhe eines bestimmten Preises, (üblicherweise ausgedrückt in ct/kvarh) dem Einspeiser in Rechnung zu stellen.[253]

Seit Einführung des EEG 2004 ist die Aufrechnung mit Blindmehrarbeitskosten gegen Zahlung der Vergütung wegen § 12 Abs. 4 EEG 2004 nicht mehr möglich, jedenfalls nicht, solange die Forderung nicht unbestritten oder rechtskräftig festgestellt ist. Auch ergibt sich aus dem Gesetz keine Rechtsgrundlage, die dem Netzbetreiber einen Anspruch auf Ersatz der Blindmehrarbeitskosten einräumen würde.[254]

Es stellt sich aber die Frage, ob ein Anspruch auf Berechnung von Blindmehrarbeitskosten vertraglich begründet werden kann. Darf der Netzbetreiber die Kosten der Blindstromfahrweise von dem Anlagenbetreiber fordern? Insbesondere in der Rechtsprechung ist die Ansicht hierüber geteilt.

### a) Berechnung von Blindstrom als unzulässige Kürzung der Mindestvergütung

Gegen eine vertragliche Vereinbarung, die es dem Netzbetreiber erlaubt, dem Anlagenbetreiber Blindmehrarbeitskosten in Rechnung zu stellen, wird überwiegend vorgebracht, dass die vom Gesetz vorgesehene Mindestvergütung auf diesem Wege ständig unterschritten werde. Auch wenn der Netzbetreiber die Blindstromkosten nicht direkt mit der Vergütung aufrechne - im Ergebnis müsse der Anlagenbetreiber laufende Kosten an den Netzbetreiber zahlen und dies bewirke, dass der Anlagenbetreiber nicht die gesetzlich vorgesehene Mindestvergütung erhalte.[255] Die Vergütungshöhe sei schließlich so bemessen, dass bei rationeller Betriebsführung der wirtschaftliche Betrieb der verschiedenen Anlagentypen zur Erzeugung von Strom aus Erneuerbaren Energien ermöglicht wird.[256] Des Weiteren wird vorgebracht, die Abnahmepflicht des EEG unterscheide nicht zwischen Wirk- und Blindleistung, abzunehmen sei daher der gesamte in der EEG-Anlage erzeugte und vom Anlagenbetreiber angebotene Strom.[257]

---

253 So die Vertragsklausel, die Gegenstand des Verfahrens vor dem LG Frankfurt (Oder), Urt. v. 6.10.2004 - 11 O 559/03, (n. v.) war.
254 *Altrock/Oschmann/Theobald*, EEG, § 5 Rn. 14 a; OLG Hamm Urt. v. 12.9.2003 - 29 U 14/03, ZNER 2003, 335, 336 f.; OLG Hamm, Urt. v. 7.11.2003 – 29 U 61/03 Rn. 75 veröffentlicht unter www.justiz.nrw.de (Abrufdatum 26.8.2008); LG Dortmund, Urt. v. 13.12.2002 – 6 O 237/02.
255 *Altrock/Oschmann/Theobald*, EEG, § 5 Rn. 14 a; OLG Hamm Urt. v. 12.9.2003 - 29 U 14/03, ZNER 2003, 335, 336 f.; OLG Hamm, Urt. v. 7.11.2003 – 29 U 61/03 Rn. 75 veröffentlicht unter www.justiz.nrw.de (Abrufdatum 26.8.2008); *Salje*, EEG (4. Aufl.), § 5 Rn. 20; LG Frankfurt (Oder), Urt. v. 6.10.2004 - 11 O 559/03, n. v.
256 *Altrock/Oschmann/Theobald*, EEG, § 5 Rn. 7.
257 LG Frankfurt (Oder), Urt. v. 6.10.2004 - 11 O 559/03, n. v. unter Bezugnahme auf § 3 Abs. 1 EEG 2000.

## b) Blindstromfahrweise als vom Anlagenbetreiber einzuhaltende technische (Mindest-) Anforderung

Demgegenüber wird vorgebracht, dass Blindstromentgelte Teil der vom Anlagenbetreiber zu investierenden Kosten in eine den technischen Anforderungen entsprechende Anlage seien. Vertragliche Vereinbarungen, die den Anlagenbetreiber zur Übernahme von Kosten für Blindmehrarbeit verpflichteten, seien deshalb wirksam.[258]
Auch der Anlagenbetreiber müsse bei der Stromeinspeisung ein bestimmtes Maß einhalten, damit die Aufnahmekapazität des Leitungsnetzes nicht unnötig belastet werde.[259] Genüge die EEG-Anlage bzw. die Stromeinspeisung den geforderten technischen Anforderungen nicht, sei es „nach dem Gesetz und dem Vertrag der Parteien nur angemessen, [dem Anlagenbetreiber] eine Ausgleichszahlung aufzuerlegen."[260] Schließlich habe der Anlagenbetreiber die Möglichkeit, durch den Einbau geeigneter technischer Geräte, den gelieferten Blindstrom im vereinbarten Rahmen zu halten.[261] Zu vergüten sei nur der vom Verbraucher nutzbare Wirkstrom.[262]

## c) Stellungnahme

Bei der vertraglichen Übernahme von Blindmehrarbeitskosten durch den Anlagenbetreiber sind tatsächliche und rechtliche Umstände zu berücksichtigen.
In tatsächlicher Hinsicht ist zunächst zu beachten, dass Blindstrom ein technisch unvermeidbares Phänomen ist. Das System, mit dem der zu vergütende Strom transportiert wird, funktioniert also nicht *ohne* den Einsatz von Blindleistung, funktioniert aber auch nicht effizient, wenn zu viel oder zu wenig Blindstrom eingespeist wird. Rein technisch könnten sowohl der Anlagenbetreiber als auch der Netzbetreiber die Blindleistung durch den Einbau von entsprechenden technischen Vorrichtungen kompensieren.[263] Die Frage ist nur, wen trifft die Verantwortlichkeit für eine möglichst effiziente Blindstromfahrweise?
Teilweise wird vertreten, dass der Netzbetreiber die im Zusammenhang mit der Blindleistung auftretenden Kompensationskosten zu tragen habe.[264] Es sei seine Aufgabe, das Netz stabil zu halten und dafür Kosten aufzuwenden, schließlich sei das Phänomen Blindstrom untrennbar mit dem Netzbetrieb verbunden.[265] Das EEG wolle überdies den

---

258 OLG Dresden, Beschl. v. 15.4.2008 - 9 U 1790/07; OLG Dresden, Beschl. v. 3.9.2007 - 9 U 2093/06, n. v.; LG Potsdam, Urt. v. 1.8.2005 - 2 O 215/04, IR 2005, 280; LG Chemnitz, Urt. v. 13.10.2006 - I O 798/06, RdE 2007, 206, 207.
259 OLG Dresden, Beschl. v. 15.4.2008 - 9 U 1790/07.
260 OLG Dresden, Beschl. v. 15.4.2008 - 9 U 1790/07.
261 OLG Dresden, Beschl. v. 15.4.2008 - 9 U 1790/07.
262 LG Chemnitz, Urt. v. 13.10.2006 - I O 798/06, RdE 2007, 206, 207.
263 LG Frankfurt (Oder), Urt. v. 6.10.2004 - 11 O 559/03, n. v.
264 OLG Hamm, Urt. v. 7.11.2003 - 29 U 61/03 Rn. 75 veröffentlicht unter www.justiz.nrw.de (Abrufdatum 26.8.2008); OLG Hamm Urt. v. 12.9.2003 - 29 U 14/03, ZNER 2003, 335, 336 f.; LG Frankfurt (Oder), Urt. v. 6.10.2004 - 11 O 559/03, n. v.
265 LG Frankfurt (Oder), Urt. v. 6.10.2004 - 11 O 559/03, n. v.

Anlagenbetreiber fördern und nicht mit zusätzlichen Anforderungen an die technische Beschaffenheit der Anlage, ggf. durch Nachrüsten, belasten.[266]

Dagegen ist jedoch einzuwenden, dass es ebenso im Interesse der Anlagenbetreiber liegt, dass das Netz möglichst sicher und effizient funktioniert. Auch wenn der Netzbetreiber grundsätzlich zuständig ist für den stabilen Netzbetrieb – es erscheint unbillig, dass der Netzbetreiber die aus einem unkontrollierten Einspeisen von Blind- und Wirkleistung entstehende Mehrarbeit und Mehrkosten allein zu tragen hat. Schließlich erzeugt der Anlagenbetreiber nicht nur den Strom, sondern speist ihn auch in das Netz der allgemeinen Versorgung ein. Insofern kann auch unter Bezugnahme auf das Gebot von Treu und Glauben verlangt werden, dass der Anlagenbetreiber den von ihm erzeugten Strom nicht in einer Art und Weise in das Netz einspeist, die dazu beiträgt, dass die Netzaufnahmekapazität insgesamt sinkt. Durch eine fachgerechte Blindstromkompensation hingegen reduziert sich die Belastung der Netze, so dass Kapazitäten eingespart bzw. nicht erweitert werden müssen.[267] Es liegt auch im Interesse der Allgemeinheit, die vorhandenen Kapazitäten effizient zu nutzen, anstatt sie wegen ineffizienter Nutzweise erweitern zu müssen.

In welcher Form der Anlagenbetreiber seinen Beitrag zur Netzeffizienz leistet (Ausrüstung mit einem Blindstromkondensator oder laufende Zahlung der aufgewandten Blindmehrarbeit), kann für die Frage des „Ob" nicht maßgeblich sein. Ebenso wenig überzeugt, dass der Gesetzgeber den Anlagenbetreiber nicht mit technischen Anforderungen belasten, sondern fördern wolle. Unter diesem Blickwinkel könnte der Belastung mit jeglichen Kosten, die der Anlagenbetreiber in die Anlage und ihr technisches Funktionieren investieren muss, z.B. auch den Netzanschlusskosten und den Kosten für eine technische Einrichtung zur Reduzierung der Einspeiseleistung bei Netzüberlastung nach § 4 Abs. 3 S. 2 EEG 2004, die Grundlage entzogen werden.

Gegen die vertragliche Vereinbarung zur Zahlung von Blindmehrarbeit wird weiter angeführt, dass die Höhe der Kosten standortabhängig sei.[268] Netzbetreiber, Netzausstattung, Entfernung der Erzeugungsanlage von der Einleitungsstelle und Anzahl der angeschlossenen bzw. anzuschließenden EEG-Anlagenbetreiber tragen ebenfalls zu den jeweiligen Blindstrombedingungen bei.[269] Aber die Standortbedingungen spielen auch bei den Netzanschlusskosten und den natürlichen Gegebenheiten vor Ort, beispielsweise der Windhöffigkeit, eine finanziell bedeutsame Rolle. Insoweit ist die erforderliche Blindmehrarbeit ebenso in grundsätzliche unternehmerische Investitionsentscheidungen einzubeziehen. Es liegt im tatsächlichen Einflussbereich des Anlagenbetreibers, eine Anlage auf eine Art und Weise zu betreiben, dass sie den physikalischen Netzbedingungen so gut wie möglich entspricht.

---

266 LG Frankfurt (Oder), Urt. v. 6.10.2004 - 11 O 559/03, n. v.
267 LG Chemnitz, Urt. v. 13.10.2006 - I O 798/06, RdE 2007, 206, 206.
268 LG Frankfurt (Oder), Urt. v. 6.10.2004 - 11 O 559/03, n. v.
269 LG Frankfurt (Oder), Urt. v. 6.10.2004 - 11 O 559/03, n. v.; LG Chemnitz, Urt. v. 13.10.2006 - I O 798/06, RdE 2007, 206, 206.

In der Begründung zu § 12 Abs. 4 EEG 2004[270] macht der Gesetzgeber deutlich, dass die Erlangung unbillig hoher Blindstromkosten verhindert werden soll. Dass bedeutet jedoch nicht, dass ihre Berechnung überhaupt verhindert werden soll. Sie sollen nur nicht unbillig hoch sein. Die Abrechnung von Blindstromkosten ist damit grundsätzlich möglich geblieben.[271]

Gesetzliche Regelungen zur Blindstromfahrweise gibt es nicht. Dass die Berechnung von Blindstrom gegen die Regelungen zur gesetzlichen Mindestvergütung verstoßen soll, überzeugt nicht.[272] Denn nach § 5 Abs. 1 S. 1 EEG 2004 sind Netzbetreiber (nur) verpflichtet, den aus EEG-Anlagen abgenommenen Strom nach Maßgabe der §§ 6 bis 12 zu vergüten. Der Wortlaut selbst äußert sich damit nicht zu der Frage, inwieweit erforderliche Blindmehrarbeit in Rechnung gestellt werden darf. Der Schluss, die Blindstromberechnung falle unter die Vergütungsregelungen, scheint jedoch leichtfertig gezogen. Denn die Verantwortlichkeit für eine effiziente Blindstromfahrweise trifft wie gesagt Netzbetreiber *und* Anlagenbetreiber. Sie kann nicht ohne weiteres einseitig dem Netzbetreiber auferlegt werden mit dem Argument, der Anlagenbetreiber würde ansonsten mit der Anlage nicht so viel verdienen.

Eine Konsequenz der dargestellten Ansicht, dass der Netzbetreiber die Blindstromkosten nicht auf den Anlagenbetreiber abwälzen dürfe, ist auch, dass unklar ist, inwieweit der Netzbetreiber die hierbei aufgebrachten Kosten bei den Netznutzungsentgelten in Ansatz bringen darf. Es ist nicht nachvollziehbar, warum der Gesetzgeber den Netzbetreibern diese Möglichkeit in Regelungen wie §§ 13 Abs. 2 S. 3 und 4 Abs. 1 S. 4 EEG 2004 eröffnet, bei der Blindstromfahrweise hingegen nicht. Dem Gesetzgeber war bewusst, dass die Netzbetreiber Blindstromkosten berechnen.[273] Er hätte also auch die Möglichkeit gehabt, sich klar dazu zu äußern, wenn er entsprechende vertragliche Vereinbarungen für unzulässig hielte.

Da also Kostenübernahme bzw. -teilung für erforderliche Blindmehrarbeit nicht ausdrücklich geregelt ist, muss auch keine entgegenstehende Norm – wie etwa bei der Netzkostenteilung nach § 13 EEG 2004 – abbedungen werden.

Nach alledem sind vertragliche Vereinbarungen zur Berechnung von Blindmehrarbeit als zulässig zu beurteilen. Der Anlagenbetreiber verpflichtet sich darin schließlich zum rücksichtsvollen Umgang mit der Effizienz des einzig vorhandenen Transportmediums.

---

270 BT-Drs. 15/2864, S. 46, Zu Absatz 4.
271 Ebenso OLG Dresden, Beschl. v. 15.4.2008 – 9 U 1790/07, n. v.
272 So auch OLG Dresden, Beschl. v. 15.4.2008 – 9 U 1790/07, n. v.; LG Chemnitz, Urt. v. 13.10.2006 – I O 798/06, RdE 2007, 206, 207: Durch die Berechnung von Blindstrom werde die gesetzliche Mindestvergütung der §§ 10, 12 EEG 2004 nicht unterschritten.
273 Vgl. BT-Drs. 15/2864, S. 46, Begründung zu § 12 Abs. 4: „Durch diese Regelung soll verhindert werden, dass die wirtschaftlich übermächtigen Netzbetreiber, die weiterhin ein natürliches Monopol besitzen, unbillig hohe Mess-, Abrechnungs-, Blindstrom- und Versorgungskosten von den Anlagenbetreibern durch Aufrechnung erlangen und das Prozessrisiko auf die Anlagenbetreiber abwälzen."

## V Ergänzende vertragliche Vereinbarungen

Wie gezeigt, sind die Rechts- und damit auch Vertragsbeziehungen zwischen Anlagen- und Netzbetreiber wesentlich durch die Bestimmungen des EEG 2004 geprägt. Daneben besteht noch – wenn auch im Vergleich zu den bereits erörterten Punkten ein weniger bedeutsamer – Bedarf, weitere Regelungen zu treffen, zu denen das Gesetz keinerlei Vorgaben macht. Dies sind beispielsweise Fragen zur Durchführung des Leistungsaustauschs wie den Abrechnungsmodalitäten und anderer Nebenfragen,[274] aber auch Eigentum an Anschlussleitungen, Vertragslaufzeit und Kündigung.[275]

Mit einem Vertrag können vielmehr nur Inhalte, die durch das Gesetz nicht konkretisiert sind – etwa die praktische Abwicklung der Stromeinspeisung – geregelt werden.[276]

## VI Fazit

Aus den vorstehend erörterten Rahmenbedingungen für vertragliche Vereinbarungen zwischen EEG-Anlagenbetreibern und Netzbetreibern ergibt sich eine deutlich bessere Rechtsposition des EEG-Anlagenbetreibers. Dies ist bei einem „Gesetz für den Vorrang Erneuerbarer Energien", dessen Zweck die Erhöhung des Anteils Erneuerbarer Energien an der Stromversorgung ist, auch nicht anders zu erwarten.

Dadurch jedoch, dass wesentliche Rechte und Pflichten bereits detailliert geregelt sind und der Parteidisposition weitgehend entzogen sind, werden vertragliche Vereinbarungen zwischen den Parteien verdrängt bzw. erschwert. Es verwundert nicht, dass Anlagenbetreiber in der Praxis zunehmend den Abschluss von Verträgen ablehnen – ergeben sich die für sie wesentlichen Vorteile doch bereits aus dem Gesetz. Jede vertragliche Vereinbarung birgt nämlich auch das Risiko, gesetzlich garantierte Vorteile durch abweichende Regelung einzubüßen.[277]

Andererseits ergibt sich in der Praxis oftmals ein Bedürfnis nach individuellen vertraglichen Vereinbarungen. Das Gesetz bietet immer nur Lösungsmöglichkeiten für grundsätzlich auftretende regelungsbedürftige Fragen. Konkret individuelle Gegebenheiten vor Ort und Besonderheiten finden darüber hinaus nicht immer ausreichende Berücksichtigung. Insofern ist das Gesetz nicht in der Lage, Rechtssicherheit und -frieden in demselben Maße herzustellen, wie dies vertragliche Vereinbarungen vermögen. Allerdings setzt dies auch voraus, dass die vertraglichen Vereinbarungen auf einem echten Interessensausgleich beruhen.

Im Folgenden soll nun näher betrachtet werden, welche Änderungen die künftige Rechtslage bringen wird.

---

[274] So umreißt das OLG Hamm, Urt. v. 7.11.2003 – Az. 29 U 61/03, Rn. 76, veröffentlicht unter www.justiz.nrw.de (Abrufdatum 26.8.2008) und Urt. v. 12.9.2003 - 29 U 14/03, ZNER 2003, 335, 336 den Regelungsbedarf für vertragliche Vereinbarungen.
[275] Vgl. hierzu *Salje*, Versorgungswirtschaft 2002, 77, 80 ff.
[276] *Altrock/Oschmann/Theobald*, EEG, § 12 Rn. 24.
[277] *Altrock/Oschmann/Theobald*, EEG, § 12 Rn. 23.

# E Das EEG 2009

## I Das Kopplungsverbot des § 4 Abs. 1 EEG 2009

Die frühere Regelung des § 12 Abs. 1 EEG 2004 ist in § 4 Abs. 1 EEG 2009 weitergeführt. Dabei fällt auf, dass die Netzbetreiber nunmehr nicht nur die Erfüllung ihrer Verpflichtungen aus den §§ 4 und 5, sondern ihrer Verpflichtungen „aus diesem Gesetz" nicht vom Abschluss eines Vertrages abhängig machen dürfen. Damit wird das Kopplungsverbot von der Anschluss-, Abnahme- und Vergütungspflicht auf *sämtliche* Pflichten des Netzbetreibers aus dem EEG 2009 erstreckt. Die Gesetzesbegründung führt dazu lediglich aus: „Die Vorschrift ist rein deklaratorisch und in § 12 Abs. 1 der bislang geltenden Fassung des EEG enthalten. Sie dient der Rechtssicherheit für alle Beteiligten und stellt klar, dass im Sinne eines gesetzlichen Schuldverhältnisses ein unmittelbarer Anspruch des Anlagenbetreibers gegenüber dem Netzbetreiber auf Anschluss, Abnahme und ggf. Vergütung aus dem Gesetz selbst besteht. Der Abschluss eines Vertrages kann jedoch zur Regelung insbesondere von technischen Fragen der Einbindung einer Anlage in das Netz sinnvoll sein."[278]

In Bezug auf die Rechtsnatur des § 4 Abs. 1 EEG 2009 haben sich zu der früheren Regelung in § 12 Abs. 1 EEG 2004 keine Änderungen ergeben. § 4 Abs. 1 EEG 2009 ist eine einseitig verpflichtende Verbotsnorm im Sinne des § 134 BGB. Bei Verstoß gegen diese Norm ist mit Rücksicht auf den Normzweck die Nichtigkeit des betreffenden Rechtsgeschäfts anzunehmen.[279]

## II Kein vertragliches Abweichen zu Lasten des Anlagen- und des Netzbetreibers

Nach § 4 Abs. 2 EEG 2009 darf von den Bestimmungen des Gesetzes unbeschadet des § 8 Abs. 3 nicht zu Lasten des Anlagenbetreibers und des Netzbetreibers abgewichen werden. Diese Regelung findet kein vergleichbares Vorbild in den Vorgängergesetzen. Ihre Tragweite ist groß, bezieht sie sich doch dem Wortlaut nach auf sämtliche vertraglichen Regelungen, die zwischen Anlagen- und Netzbetreiber vereinbart werden könnten. So weit die Bedeutung der Norm reichen mag, so kurz gerät die Begründung des Gesetzgebers für diese Norm: Neben der Wiederholung des Gesetzeswortlauts findet sich lediglich die Feststellung, dass der Netzanschluss weiterhin vertraglich vereinbart werden kann.[280] Ein Grund oder ein Bedürfnis für die Einführung dieser Regelung wird nicht genannt, nicht einmal angedeutet. Dabei fragt sich, welcher Raum für vertragliche Vereinbarungen künftig überhaupt noch besteht. Um dem nachzugehen, ist im Folgenden zunächst die Rechtsnatur der Norm zu bestimmen (1.). Mit Hilfe dieser Einordnung soll im Weiteren herausgearbeitet werden, welche Abweichungen unzulässig sind (2. und 3.) und welche Rechtsfolgen aus einem Verstoß gegen § 4 Abs. 2 EEG 2009 (4.) erwachsen.

---

278 BT-Drs. 16/8148, Zu § 4 Abs. 1, S. 99 f.
279 S. o., S. 35.
280 BT-Drs. 16/8148, Zu § 4 Abs. 2, S. 100.

## 1. Rechtsnatur des § 4 Abs. 2 EEG 2009

Die Regelung des § 4 Abs. 2 EEG 2009 will ausschließen, dass vertraglich von den Bestimmungen des Gesetzes (unbeschadet des § 8 Abs. 3) zu Lasten des Anlagenbetreibers und des Netzbetreibers abgewichen wird. Dies ist ein Ausschluss der Privatautonomie für Regelungen eines bestimmten Inhalts. Die Rechtsvorschrift stellt damit klar, dass die Normen des EEG 2009 das Rechtsverhältnis der Parteien direkt regeln und es weiterer als der ausdrücklich vorgesehenen vertraglichen Vereinbarungen nicht bedarf. § 4 Abs. 2 EEG 2009 regelt die Voraussetzungen der Vertragsfreiheit[281] insofern, als dass vertragliche Vereinbarungen nur dann zugelassen sein sollen, wenn sie bestimmte Mindestvorgaben beachten.

Verbotsgesetze hingegen beziehen sich im Regelfall nicht direkt auf die Privatautonomie, sondern wollen ein bestimmtes Verhalten verhindern.[282] § 4 Abs. 2 EEG 2009 will nicht verhindern, dass zwischen den Parteien Verträge geschlossen werden. Die Norm will nur verhindern, dass Verträge eines bestimmten Inhalts geschlossen werden. Die neu eingeführte Regelung des § 4 Abs. 2 EEG 2009 ist mithin als zwingendes Recht zu qualifizieren, nicht als Verbotsnorm.

Bemerkenswert ist hier jedoch, dass diese zwingende Norm nicht ausdrücklich nur eine Partei begünstigt. Denn die Vorschrift nennt den Anlagenbetreiber ebenso wie den Netzbetreiber. Dadurch dass die Vorschriften des EEG 2009 zum „Mindeststandard" erklärt werden, wird zwar mittelbar immer noch der Anlagenbetreiber gegenüber dem Netzbetreiber begünstigt. Ausgehend von der (neuen) gesetzlichen Basis jedoch, verdient der Netzbetreiber nach § 4 Abs. 2 EEG 2009 ebenso viel Schutz wie der Anlagenbetreiber.

Wenn die Normen nicht allein deshalb der Parteidisposition entzogen werden, weil einer der beiden Vertragsparteien als schutzwürdiger angesehen wird als der andere, fragt sich, warum hier der Vertragsfreiheit in dieser Form Grenzen gezogen werden. Erklären lässt sich dies mit dem Gesetzeszweck. Die Erhöhung des Anteils der Erneuerbaren Energien an der Stromversorgung berührt die überragenden Interessen Dritter, nämlich das Interesse der Allgemeinheit am Klima- und Umweltschutz. Um seinetwillen sollen die Normen des EEG Mindeststandard werden. Vertragliche Vereinbarungen, die dem Anlagen- oder Netzbetreiber weitere Vorteile bringen, könnten den Gesetzeszweck weiter fördern, da mit ihnen auch die Akzeptanz steigen könnte. Hingegen ist nicht denkbar, dass vorteilhafte vertragliche Vereinbarungen dazu führen, dass weniger Anlagen zur Erzeugung von Erneuerbaren Energien betrieben werden. Es bestünde allenfalls die Gefahr, dass sich Anlagen- und Netzbetreiber auf eine vertragliche Regelung einigen, die für beide vorteilhaft ist, die sich aber nachteilig auf die Preisgünstigkeit der Stromversorgung, und damit für die Allgemeinheit auswirkt.

---

281 Für Normen, die die Voraussetzungen der Privatautonomie regeln, nimmt *Larenz/Wolf*, Allgemeiner Teil des Bürgerlichen Rechts, § 3 Rn. 102, insbesondere an, dass dies zwingende Normen seien; s. bereits oben, S. 30.

282 *Larenz/Wolf*, Allgemeiner Teil des Bürgerlichen Rechts, § 40, Rn. 2; *Flume* AT II § 17 S. 343.

## 2. Unzulässige Abweichungen zu Lasten des Anlagenbetreibers und des Netzbetreibers

Nach § 4 Abs. 2 EEG 2009 darf vertraglich nicht zu Lasten der Anlagenbetreiberin oder des Anlagenbetreibers *und* des Netzbetreibers abgewichen werden.
Diese Formulierung verdient eine nähere Betrachtung. Welche Abweichungen sind nach dieser Norm zulässig? Welche nicht? Folgende Fallkonstellationen sind denkbar:
1. Eine Regelung, die für Anlagen- und Netzbetreiber gegenüber der Gesetzeslage Vorteile bringt, ist unzweifelhaft zulässig.
2. Auch eine vertragliche Vereinbarung, die nur für einen der beiden Beteiligten vorteilhaft, für den anderen aber weder vorteilhaft noch nachteilig, also neutral ist, ist zulässig. Denn eine solche Regelung weicht nicht zu Lasten des Anlagenbetreibers und des Netzbetreibers ab.
3. Selbst eine Regelung, die für beide Seiten neutral ist, weicht nicht „zu Lasten des Anlagenbetreibers und des Netzbetreibers" ab und wäre somit möglich. Allerdings wäre ein solches Abweichen sinnlos. Denn warum sollten die Parteien von der gesetzlichen Regelung abweichen wollen, wenn dies keinem nützt?
4. Klar ist auch der Fall, dass eine vertragliche Vereinbarung sowohl den Anlagen- als auch den Netzbetreiber im Vergleich zur Gesetzeslage benachteiligt. Dies ist der in § 4 Abs. 2 EEG 2009 geregelte Fall der unzulässigen Abweichung. Jedoch wird er in der Praxis erst recht nicht auftreten. Gründe, warum die Parteien von der gesetzlichen Regelung jeweils zu ihrem eigenen Nachteil abweichen wollten, sind nicht erkennbar.
5. Es bleibt die Fallkonstellation, dass eine vertragliche Vereinbarung für einen Vertragspartner nachteilig, für den anderen aber vorteilhaft oder neutral ist. Hält man sich nun strikt an den Wortlaut des § 4 Abs. 2 EEG 2009 und verlangt eine kumulative Benachteiligung von Anlagen- *und* Netzbetreiber, so hieße dies, dass der zu untersuchende Fall nicht darunter fällt. Denn wenn die vertragliche Vereinbarung nur zu Lasten des einen geht, liegt der von § 4 Abs. 2 EEG 2009 beschriebene Fall, dass nicht zu Lasten des Anlagen- *und* (kumulativ verstanden!) des Netzbetreibers abgewichen werden darf, nicht vor. Eine entsprechende Abweichung nur zum Nachteil einer Partei wäre demnach zulässig.
Dieses Ergebnis macht indes keinen Sinn. Denn § 4 Abs. 2 EEG 2009 würde dann einen Fall regeln, der praktisch ohnehin nicht vorkäme (siehe oben unter 4.). Die Norm fände in der Praxis keinen Anwendungsbereich. Sinn macht § 4 Abs. 2 EEG 2009 insofern erst, wenn man das „und" als „oder" versteht: Von den Bestimmungen des Gesetzes darf unbeschadet des § 8 Abs. 3 nicht zu Lasten des Anlagenbetreibers *oder* des Netzbetreibers abgewichen werden. In diesem Sinne stellt auch die Gesetzesbegründung den eigentlichen Anwendungsbereich der Norm klar: „Nach Absatz 2 darf von den Bestimmungen des EEG nicht zu Lasten des Anlagen- *oder* Netzbetreibers abgewichen werden."[283]
Festzuhalten bleibt: Sobald eine vertragliche Regelung zu Lasten des Anlagen- *oder* Netzbetreibers abweicht, verstößt diese gegen § 4 Abs. 2 EEG 2009.

---

283 BT-Drs. 16/8148, Zu § 4 Abs. 2, S. 100, Hervorhebung durch die Autorin.

## 3. Unzulässigkeit eines „*do ut des*"?

Gegenseitige Verträge folgen dem Grundprinzip des „do ut des": Jeder gibt, damit der andere gibt.[284] Die gesetzliche Förderung der Erneuerbaren Energien räumt Anlagenbetreibern eine starke Position ein. Vereinfacht ausgedrückt werden dem Anlagenbetreiber alle Rechte, die er für den wirtschaftlichen Betrieb der Anlage braucht, bereits gesetzlich eingeräumt. Aus seiner Sicht gibt es nur dann wirklichen Anlass zu einer vertraglichen Vereinbarung, wenn er durch sie Vorteile erlangt. Ebenso sucht der Netzbetreiber, seine Position durch vertragliche Vereinbarungen zu verbessern. In der Regel findet jedoch jeder Vertragspartner seinen individuellen Vorteil dadurch, dass der andere zu verzichten bzw. sich zu verpflichten bereit ist. Man verpflichtet sich zu einer Leistung, *„um dadurch den anderen zur Gegenleistung zu verpflichten".*[285]

Verhindert die Regelung des § 4 Abs. 2 EEG 2009 künftig derartige Verträge?

Wenn von den Bestimmungen des Gesetzes weder zu Lasten des Anlagenbetreibers noch des Netzbetreibers abgewichen werden darf, bedeutet dies, dass die Parteien nicht mehr über das disponieren dürfen, was für sie nachteilig wäre. Das heißt, sie dürfen es im Rahmen eines gegenseitigen Vertrages auch nicht mehr als „Verhandlungsmasse" zum Einsatz bringen.

Jedes andere Verständnis würde den zwingenden Charakter des § 4 Abs. 2 EEG 2009 verkennen. Es ist gerade Sinn und Zweck von zwingendem Recht, dass gesetzliche Regelungen nicht zur Disposition der Parteien stehen.

Die Besonderheit liegt hier jedoch darin, dass von den gesetzlichen Regelungen des EEG 2009 nicht nur deshalb nicht abgewichen werden soll, weil dies die Schutzbedürftigkeit der wirtschaftlich und informationell unterlegenen Partei verbieten würde. Es ist vielmehr der Gesetzeszweck selbst, den das zwingende Recht schützen will.

Vereinbarungen, in denen eine Vertragspartei bereit ist, einen Nachteil einzugehen, um dafür im Gegenzug einen Vorteil zu erhalten, können also künftig nicht mehr eingegangen werden. Vertragliche Abweichungen dürfen nur noch neutrale oder vorteilhafte Wirkung für die Vertragsparteien haben.

Ob jedoch unter diesen Vorgaben noch ein Rest an Vertragsfreiheit ausgeübt werden kann, ist zweifelhaft. Denn würde beispielsweise der Anlagenbetreiber einer vertraglichen Vereinbarung nicht zustimmen, die für ihn neutral, aber für den Netzbetreiber vorteilhaft ist, könnte dies eine unzulässige Rechtsausübung nach § 242 BGB sein. Im Einzelfall ist dann jeweils zu untersuchen, ob die Weigerung, einen entsprechenden Vertrag einzugehen, treuwidrig ist.

Das Eingehen von Verpflichtungen einerseits, um im Gegenzug einen Vorteil zu erhalten, das klassische „do ut des" gegenseitiger Verträge, ist künftig also nicht mehr möglich. Damit werden den Parteien flexible Anpassungsmöglichkeiten weitgehend genommen.[286]

---

284 *Larenz*, Lehrbuch des Schuldrechts, Bd I, S. 202; *Musielak*, Grundkurs BGB, 10. Aufl. 2007, S. 46 Rn. 94.
285 *Larenz*, Lehrbuch des Schuldrechts, Bd I, S. 202.
286 Vgl. *Larenz/Wolf*, Allgemeiner Teil des Bürgerlichen Rechts, § 43, Rn. 2.

## 4. Rechtsfolgen

Eine vertragliche Vereinbarung, die die von § 4 Abs. 2 EEG 2009 gezogenen Grenzen verletzt, kann von vornherein keine Rechtswirkung erzeugen und ist deshalb nichtig.[287] Selbst wer ein Verbotsgesetz im Sinne des § 134 BGB annimmt, wird in der Rechtsfolge grundsätzlich zur Nichtigkeit des Rechtsgeschäfts kommen, weil § 4 Abs. 2 EEG 2009 als beiderseitiges Verbotsgesetz zu qualifizieren wäre.

Ist eine wegen Verstoßes gegen § 4 Abs. 2 EEG 2009 nichtige vertragliche Vereinbarung Teil eines Vertrags, bestimmt sich die Rechtswirksamkeit des Restvertrags nach § 139 BGB. Je nach vertraglicher Vereinbarung, die gegen § 4 Abs. 2 EEG 2009 verstößt, kann im Einzelfall schwierig zu ermitteln sein, ob die anderen vertraglichen Vereinbarungen auch ohne den nichtigen Teil vorgenommen sein würden. Die Parteien haben jedoch immer die Möglichkeit, eine salvatorische Klausel in den Vertrag aufzunehmen, die ausdrücklich bestimmt, dass die Wirksamkeit der übrigen Bestimmungen nicht berührt wird, wenn einzelne Bestimmungen des Vertrags sich als unwirksam erweisen sollten.

## III  Potenzielle vertragliche Vereinbarungen unter der Geltung des EEG 2009

Nach den vorstehenden Ausführungen drängt sich die Frage auf, in welchen Bereichen das EEG 2009 überhaupt noch Raum für vertragliche Vereinbarungen lässt.

### 1. Allgemein halbzwingender Charakter der Bestimmungen des EEG 2009

§ 4 Abs. 2 EEG 2009 bestimmt, dass – unbeschadet des § 8 Abs. 3 – von den Bestimmungen des EEG 2009 nur noch teilweise abgewichen werden darf. Die Normen des EEG 2009 sind also nicht in ihrem ganzen Inhalt sondern nur teilweise zwingend. Eine genauere Einordnung, ob es sich hier um subjektiv oder objektiv halbzwingende Normen handelt, fällt jedoch schwer.[288]

Es darf weder zu Lasten der einen noch der anderen Partei abgewichen werden. Damit liegt nicht die den subjektiv halbzwingenden Normen typischerweise entsprechende Fallkonstellation vor, dass eine Norm ausschließlich dem Schutz des schwächeren Vertragspartners dient. Eine objektiv halbzwingende Norm hingegen ist nicht vollinhaltlich, sondern nur bezüglich eines gewissen Kernbestandes unabdingbar.[289]

§ 4 Abs. 2 EEG 2009 hat zur Folge, dass die Bestimmungen des EEG 2009 zumindest bezüglich eines gewissen Kernbestandes unabdingbar sind. Dieser Kernbestand bestimmt sich jedoch nach subjektiven Kriterien, nämlich jeweils die Auswirkungen der vertraglichen Abweichung auf die Rechtsposition der Vertragsparteien. Welche Normen

---

287  Vgl. die grundlegenden Ausführungen oben auf S. 30.
288  Vgl. zur Differenzierung halbzwingender Normen bereits oben, S. 28.
289  *Larenz/Wolf*, Allgemeiner Teil des Bürgerlichen Rechts, § 3, Rn. 106.

des EEG 2009 inwieweit unabdingbar sind, lässt sich damit nicht ohne eine Betrachtung der konkret anvisierten Abweichung bestimmen. Immer ist die angestrebte, individuell vereinbarte Regelung ausschlaggebend: Stellt sie im Vergleich zur Gesetzeslage keinen Nachteil für eine der Parteien dar, so ist die Norm abdingbar. Bedeutet sie einen Nachteil für eine der Parteien, so ist die Norm unabdingbar. Umschreiben ließe sich diese besondere Erscheinungsform des zwingenden Rechts als „beiderseitig subjektiv halbzwingend".

## 2. Vertragliche Vereinbarungen zu den Hauptpflichten

Bezüglich der Anschluss-, Abnahme- und Vergütungspflicht haben sich durch die Einführung des § 4 Abs. 2 EEG 2009 keine Änderungen ergeben. Ein vertragliches Abweichen von den Grundpflichten als solchen würde denknotwendig zu Lasten des Anlagenbetreibers gehen. Ein Abweichen zum Vorteil des Anlagenbetreibers ist nicht möglich, da der Netzbetreiber nicht mehr als verpflichtet werden kann. Ein Abweichen von den „puren" Grundpflichten würde also gegen § 4 Abs. 2 EEG 2009 verstoßen. Für die Annahme eines lediglich halbzwingenden Charakters ergibt sich insofern kein Anwendungsraum. Die Hauptpflichten haben damit nach wie vor zwingenden Charakter.

## 3. Vertragliche Vereinbarungen im Zusammenhang mit dem Anschluss

### a) Netzverknüpfungspunkt

Das EEG 2009 sieht im Gegensatz zum EEG 2004 für die Abweichung vom gesetzlich bestimmten Netzverknüpfungspunkt ausdrückliche Bestimmungen vor. Grundsätzlich wird derselbe gesetzliche Verknüpfungspunkt wie zuvor zu Grunde gelegt. Nach § 5 Abs. 2 EEG 2009 ist der Anlagenbetreiber jedoch berechtigt, einen anderen Verknüpfungspunkt zu wählen. Sollte weder der gesetzlich vorgesehene noch der vom Anlagenbetreiber gewählte Netzverknüpfungspunkt im Interesse des Netzbetreibers liegen, ist dieser nach § 5 Abs. 3 EEG 2009 berechtigt, der Anlage einen anderen Verknüpfungspunkt zuzuweisen. Wo von „wählen dürfen" und „Zuweisung" die Rede ist, werden vertragliche Vereinbarungen nicht mehr für erforderlich gehalten. Allerdings ist auch geregelt, dass der Netzbetreiber, der nach § 5 Abs. 3 EEG 2009 einen anderen Netzverknüpfungspunkt zuweist, die daraus resultierenden Mehrkosten tragen muss, § 13 Abs. 2 EEG 2009.

Unter der Geltung des § 4 Abs. 2 EEG 2009 darf vertraglich nur noch von diesen Regelungen abgewichen werden, wenn es nicht zu Lasten des Anlagen- oder Netzbetreibers ist. Jede vertragliche Vereinbarung, durch die der Anlagenbetreiber höhere Netzanschlusskosten als bei dem gesetzlich vorgesehenen Netzverknüpfungspunkt hätte, wäre folglich ein Verstoß gegen § 4 Abs. 2 EEG 2009 und damit unzulässig – und zwar auch dann, wenn der Anlagenbetreiber diese höheren Kosten zu übernehmen bereit wäre, weil er einen späteren Ausbau der Anlage plant. Zukünftige Standortentwicklungen können also nur im Rahmen der Wahlmöglichkeit nach § 5 Abs. 2 oder der Zuweisungsberechtigung nach § 5 Abs. 3 EEG 2009 berücksichtigt werden.

Eine vertragliche Vereinbarung, die der Anlagenbetreiber trotz zunächst finanziellem Nachteil einzugehen bereit ist, weil sie sich als langfristig sinnvoll erweist, wäre dem in § 5 Abs. 2 und 3 EEG 2009 vorgesehenen Prinzip gleichwohl vorzuziehen gewesen. Denn so liegt es in der Hand des Anlagenbetreibers, ob die Netzanschlussmehrkosten nach § 13 Abs. 2 i.V.m. § 5 Abs. 3 EEG 2009 vom Netzbetreiber übernommen werden müssen oder er sie § 13 Abs. 1 EEG 2009 selber tragen muss. Würde der Anlagenbetreiber den von beiden Seiten favorisierten abweichenden Netzverknüpfungspunkt nämlich bereits nach § 5 Abs. 2 EEG 2009 wählen, müsste der Netzbetreiber die Kosten nicht nach § 13 Abs. 2 EEG 2009 übernehmen. Eine vertragliche Vereinbarung könnte hier einen echten Interessenausgleich herstellen, anstatt den taktischen Einsatz von Wahl- und Zuweisungsrechten zu provozieren.

Im Ergebnis folgt der Gesetzgeber hier seiner bereits früher erkennbaren Tendenz, den Netzbetreiber zur Übernahme von Anschlussmehrkosten zu verpflichten.[290]

### b) Technische Anschlussbedingungen

Die Regelung des § 13 Abs. 1 S. 3 EEG 2004 findet sich wortgleich in § 7 Abs. 2 EEG 2009 wieder. Änderungen ergeben sich hier insoweit, als dass höhere als die notwendigen technischen Anschlussbedingungen nur noch vertraglich vereinbart werden dürfen, wenn sie für den Anlagenbetreiber keine Nachteile bedeuten. Insofern dürfen höhere als die notwendigen technischen Anschlussbedingungen für den Anlagenbetreiber nicht mit höheren Kosten verbunden sein.

### c) Anschlussherstellung

Verträge zur Regelung der Netzanschlussherstellung durch den Netzbetreiber nach § 13 Abs. 1 S. 4 EEG 2004 waren bislang nicht vom Kopplungsverbot umfasst. Da dem Anlagenbetreiber hier ein Wahlrecht eingeräumt wird, ob er den Anschluss von dem Netzbetreiber oder einem fachkundigen Dritten vornehmen lässt, musste sich zunächst der Anlagenbetreiber äußern, wen er mit der Anschlussherstellung beauftragen will. Der Netzbetreiber konnte dann die Anschlussherstellung von dem Abschluss eines vorherigen Vertrages abhängig machen.

Es stellt sich die Frage, ob sich mit der Neufassung daran etwas geändert hat. § 7 Abs. 1 EEG 2009 sieht vor, dass Anlagenbetreiberinnen und -betreiber berechtigt sind, den Anschluss der Anlagen sowie die Einrichtung und den Betrieb der Messeinrichtungen einschließlich der Messung von dem Netzbetreiber oder einer fachkundigen dritten Person vornehmen zu lassen. Wenn nun der Anlagenbetreiber *berechtigt*[291] ist, die Anschlussherstellung von dem Netzbetreiber oder einem Dritten vornehmen zu lassen, bedeutet dies auf der anderen Seite, dass der Netzbetreiber *verpflichtet* ist, den Anschluss herzustellen, wenn die Wahl des Anlagenbetreibers auf ihn fällt. Ist jedoch diese

---

290 S. o., S. 38.
291 In § 13 Abs. 1 S. 4 EEG 2004 hieß es noch: Der Anlagenbetreiber *kann* den Anschluss der Anlagen (...) vornehmen lassen.

Pflicht des Netzbetreibers eine solche aus dem EEG 2009, sodass die Anschlussausführung nicht mehr vom vorherigen Abschluss eines Vertrages abhängig gemacht werden darf? Im Gegensatz zu einer „fachkundigen dritten Person", die der Anlagenbetreiber in jedem Fall erst aussuchen und vertraglich beauftragen müsste, könnte der zum Anschluss verpflichtete Netzbetreiber über die gesetzliche Regelung des § 5 Abs. 1 EEG 2009 ermittelt und damit direkt aus dem Gesetz verpflichtet werden.

Dagegen spricht, dass das EEG 2009 ebenso wie das EEG 2004 keine weiteren Regelungen z. B. bezüglich der Anschlussart und der Herstellungskosten vorsieht. Über diese Punkte müssen sich die Parteien jedoch einigen, und zwar im Vorfeld durch Vertragsschluss. Ansonsten wären spätere Rechtsstreitigkeiten über die Herstellungskosten etc. unausweichlich.[292] Es kann nicht sein, dass der Anlagenbetreiber einen gesetzlichen Anspruch auf Anschlussherstellung durchsetzen kann, ohne dass sich die Parteien zuvor über die konkrete Ausführung und die Vergütungshöhe geeinigt haben. Das würde zu dem bizarren Ergebnis führen, dass der Netzbetreiber den Anschluss herstellen müsste, auch wenn er bereits weiß, dass der Anlagenbetreiber nicht so viel zu zahlen bereit ist, wie verlangt wird.

Vorzugswürdig ist es daher, davon auszugehen, dass sich aus § 7 Abs. 1 EEG 2009 für den Netzbetreiber nur eine Pflicht zur Aufnahme von Vertragsverhandlungen über die konkrete Anschlussherstellung ergibt. Die Pflicht zur Herstellung des Anschlusses selbst ergibt sich demgegenüber auch für den Netzbetreiber erst aus einem Vertrag. Dies wird durch die Gesetzesbegründung zu § 4 Abs. 2 gestützt. Denn dort wird festgestellt, dass Anlagenbetreibende weiterhin die Möglichkeit haben, vertraglich zu vereinbaren, dass der Netzanschluss vom Netzbetreiber vorgenommen wird.[293] Die konkrete Anschlussherstellung beruht damit auch nach Vorstellung des Gesetzgebers auf einer vertraglichen Vereinbarung. Das EEG 2009 normiert also noch keine Pflicht des Netzbetreibers, den konkreten Anschluss einer Anlage an sein Netz herzustellen. Dies bedeutet, dass auch die neue Fassung des Kopplungsverbots, wie es in § 4 Abs. 1 EEG 2009 normiert ist, sich nicht auf Netzherstellungsverträge bezieht. Denn die Pflicht zur Herstellung des Netzanschlusses ist keine Verpflichtung „aus diesem Gesetz".

**d) Netzkosten**

Der bisherigen Regelung inhaltlich grundsätzlich entsprechend sind die Kosten des Netzanschlusses nun in § 13 EEG 2009 und die Netzausbaukosten in § 14 EEG 2009 geregelt. Änderungen zum EEG 2004 ergeben sich insoweit, als dass der Streit um die Abdingbarkeit des § 13 EEG 2004 nun durch den Gesetzgeber weitgehend entschieden sein dürfte.

Wegen § 4 Abs. 2 EEG 2009 darf von den Kostenregelungen in § 13 und § 14 EEG 2009 nicht zu Lasten des Anlagen- oder Netzbetreibers abgewichen werden. Das bedeutet zunächst, dass der Anlagenbetreiber vertraglich keine Netzausbaukosten übernehmen kann. Es bedeutet auch, dass der Netzbetreiber vertraglich keine notwendigen An-

---

292 *Salje*, EEG (4. Aufl.), § 12 Rn. 9.
293 BT-Drs. 16/8148, Zu § 4 Abs. 2, S. 100.

schlusskosten übernehmen kann. Insoweit dringen die Stimmen, die die Netzkostenregelung bislang für dispositiv gehalten haben, unter der Geltung des EEG 2009 nicht mehr durch.

Es bleibt jedoch die Frage, ob vertragliche Vereinbarungen getroffen werden können zu den Kosten, die über die notwendigen Kosten hinausgehen. Bislang konnten Anlagen- und Netzbetreiber eine vertragliche Regelung treffen, um zukünftige Entwicklungen frühzeitig berücksichtigen zu können. Darf jedoch der Anlagenbetreiber höhere als die notwendigen Anschlusskosten freiwillig übernehmen? Oder stellt dies bereits ein Abweichen von den Bestimmungen des EEG 2009 zu Lasten des Anlagenbetreibers dar?

Hier ist zu differenzieren nach der Ursache für die höheren Netzanschlusskosten. Erwachsen die höheren Netzanschlusskosten aus der Verlegung des Netzverknüpfungspunktes, so sind die Regelungen des § 13 Abs. 1 und Abs. 2 EEG 2009 zu beachten. Denn § 13 Abs. 1 EEG 2009 weist dem Anlagenbetreiber die notwendigen Kosten zu, die entstehen, wenn der Anschluss an dem gesetzlich vorgesehenen Netzverknüpfungspunkt oder an dem vom Anlagenbetreiber abweichend gewählten Verknüpfungspunkt ausgeführt wird. Der Netzbetreiber muss nach § 13 Abs. 2 EEG 2009 die Mehrkosten tragen, die aus der Zuweisung eines anderen Verknüpfungspunkts nach § 5 Abs. 3 EEG 2009 resultieren.

Ergibt sich jedoch auf Grund anderer Umstände als der Bestimmung des Netzverknüpfungspunktes für den Anlagenbetreiber Anlass, höhere als die (kurzfristig) notwendigen Anschlusskosten zu investieren, muss dies nach wie vor durch vertragliche Vereinbarung geregelt werden können. Dies erscheint gesetzlich möglich, denn im EEG 2009 findet sich dazu keine ausdrückliche Regelung. Mit der Regelung des § 13 Abs. 1 EEG 2009 wird der Anlagenbetreiber vor unnötig hohen Kosten geschützt. Wenn der Anlagenbetreiber jedoch aus vorausschauenden wirtschaftlichen Gründen höhere Kosten investieren will, muss dies nach wie vor möglich sein. Vor diesem Hintergrund ist die Beschränkung des § 13 Abs. 1 EEG 2009 auf die notwendigen Kosten lediglich als Schutz des Anlagenbetreibers zu verstehen. Höhere Kosten, die nicht bereits durch § 13 EEG 2009 geregelt sind, aber dennoch auf Grund individueller Umstände freiwillig zu investieren wären, sind hingegen nicht Teil der Bestimmungen des EEG 2009. Insofern würde auch nicht gegen § 4 Abs. 2 EEG 2009 verstoßen.

Vertragliche Vereinbarungen zwischen Anlagen- und Netzbetreiber zu höheren als den notwendigen Netzanschlusskosten sind damit möglich, soweit sie nicht im Zusammenhang mit der Verlegung des Netzverknüpfungspunkts stehen.

### 4. Vertragliche Vereinbarungen im Zusammenhang mit der Abnahme

#### a) Vertragliches Abweichen vom Abnahmevorrang nach § 8 Abs. 3 EEG 2009

§ 4 Abs. 2 EEG 2009 nimmt das vertragliche Abweichen vom Abnahmevorrang nach § 8 Abs. 3 EEG 2009 ausdrücklich von seinem Anwendungsbereich aus.

Nach § 8 Abs. 3 EEG 2009 bestehen die Verpflichtungen nach Absatz 1 (scil. die Pflichten, den Strom unverzüglich vorrangig abzunehmen, zu übertragen und zu verteilen) nicht, soweit Anlagen- und Netzbetreiber unbeschadet des § 12 zur besseren Integ-

ration der Anlage in das Netz ausnahmsweise vertraglich vereinbaren, vom Abnahmevorrang abzuweichen.
Die Norm übernimmt damit im Wesentlichen die Regelung des bisherigen § 4 Abs. 1 S. 3 EEG 2004. Allerdings ist der Regelungsgehalt weiter ausgebaut worden. So gilt die Möglichkeit der vertraglichen Vereinbarung „unbeschadet des § 12". § 12 EEG 2009 sieht Entschädigungszahlungen vor, sofern Anlagenbetreiber in Folge des neu aufgenommenen Einspeisemanagements nach § 11 EEG 2009 Strom nicht einspeisen konnten. Der Gesetzgeber führt dazu aus: „Die Regelung gilt unbeschadet der Regelung zum Einspeisemanagement. Maßnahmen des Einspeisemanagement können dem Anlagenbetreiber auch gegen seinen Willen auferlegt werden, dann allerdings nur gegen Entschädigung."[294]
Im Übrigen besteht die Möglichkeit zum vertraglichen Abweichen vom Abnahmevorrang wie bereits nach der (noch) geltenden Gesetzeslage. Die Gesetzesmaterialien zum EEG 2009 übernehmen auch im Wesentlichen dieselbe Begründung wie bereits das EEG 2004.[295]
Hat sich aber an der Regelung als solcher nichts geändert, so wird auch verständlich, warum der Gesetzgeber, diese Norm vom Anwendungsbereich des § 4 Abs. 2 EEG 2009 ausnehmen musste. Denn im Rahmen des § 8 Abs. 3 EEG 2009 darf der Anlagenbetreiber auf seinen Abnahmevorrang verzichten, was einen Nachteil gegenüber der im Übrigen geltenden Gesetzeslage darstellt. Der Gesetzgeber will hier ausnahmsweise ein gegenseitiges Geben und Nehmen ermöglichen.[296] Dies geht allerdings nur, wenn von den Bestimmungen des EEG 2009 auch zu Lasten einer Vertragspartei abgewichen werden darf. Insofern war die Ausnahme des § 8 Abs. 3 EEG 2009 gesetzessystematisch erforderlich.

**b) Einspeisemanagement nach § 11 EEG 2009**

Die Regelung des § 4 Abs. 3 S. 1 EEG 2004, dass der Anschluss unter bestimmten Voraussetzungen nur geduldet werden muss, wenn die Anlage mit einer technischen Einrichtung zur Reduzierung der Einspeiseleistung ausgestattet ist, weicht einer detaillierten Regelung zum Einspeisemanagement in § 11 EEG 2009.
Raum für eine vertragliche Vereinbarung zwischen Anlagen- und Netzbetreiber lässt hier § 12 Abs. 1 EEG 2009. Die Norm geht davon aus, dass Anlagen- und Netzbetreiber vereinbaren, in welchem Umfang der Anlagenbetreiber zu entschädigen ist, wenn aufgrund von Maßnahmen nach § 11 Abs. 1 Strom nicht eingespeist werden konnte. Nach Ansicht des Gesetzgebers ist also der Anlagenbetreiber in diesen Fällen zu entschädigen. Lediglich die Höhe der Entschädigung wird zur Disposition der Parteien gestellt.
Zu beachten ist dabei § 12 Abs. 1 S. 2 EEG 2009, der vorsieht, dass die entgangenen Vergütungen und Wärmeerlöse abzüglich der ersparten Aufwendungen zu leisten sind,

---

294 BT-Drs. 16/8148, Zu § 4 Abs. 2, S. 107.
295 Vgl. BT-Drs. 16/8148, Zu § 4 Abs. 2, S. 106 f. zum EEG 2009 und BT-Drs. 15/2864 S. 32 f. zum EEG 2004.
296 BT-Drs. 15/2864 S. 33.

wenn eine Vereinbarung nicht getroffen wurde. Das EEG 2009 hält hier also eine bestimmbare Entschädigungshöhe bereit. Im Zusammenspiel mit § 4 Abs. 2 EEG 2009 ist deshalb davon auszugehen, dass eine vertragliche Vereinbarung zur Entschädigungshöhe nicht unter dem von § 12 Abs. 1 S. 2 EEG 2009 vorgesehenen Wert vereinbart werden darf. Denn das wäre eine Abweichung von einer Bestimmung des Gesetzes, nämlich von § 12 Abs. 1 S. 2 EEG 2009, zu Lasten des Anlagenbetreibers.

### c) Schadensersatz- und Haftungsregelungen

Das EEG 2009 hat einige Schadensersatz- und Haftungsregelungen neu aufgenommen, die sich jedoch sämtlich auf Ansprüche der Anlagenbetreiber gegen die Netzbetreiber beziehen. So verpflichtet § 12 Abs. 1 EEG 2009 die Netzbetreiber, Anlagenbetreiber zu entschädigen, wenn EEG-Strom auf Grund von Einspeisemanagementmaßnahmen nicht eingespeist werden konnte. Nach § 12 Abs. 3 EEG 2009 bleiben Schadensersatzansprüche von Anlagenbetreibern gegen den Netzbetreiber unberührt. Schließlich können (künftige) Anlagenbetreiber nach § 10 Abs. 1 EEG 2009 Schadensersatz verlangen, wenn der Netzbetreiber seiner Pflicht zur Erweiterung der Netzkapazität nach § 9 Abs. 1 EEG 2009 nicht nachkommt.

Ein Abweichen, also ein – sei es auch nur teilweiser – Ausschluss dieser Ansprüche ginge zu Lasten des Anlagenbetreibers und ist insofern wegen § 4 Abs. 2 EEG 2009 nicht möglich. Die im EEG 2009 vorgesehenen Schadensersatzansprüche können daher auch nicht durch Haftungsbeschränkungen zu Gunsten des Netzbetreibers eingeschränkt werden.

### 5. Vertragliche Vereinbarungen im Zusammenhang mit der Vergütung

#### a) Abweichen von den gesetzlichen Vergütungshöhen

Eine vertragliche Vereinbarung, nach der eine niedrigere Vergütung als die gesetzlich Vorgesehene, gezahlt würde, widerspräche § 4 Abs. 2 EEG 2009, da sie zu Lasten des Anlagenbetreibers ginge.

Aber auch eine Vereinbarung, die über die gesetzlich garantierten Mindestvergütungen hinausginge, ist unter der Geltung des EEG 2009 nur noch unter erschwerten Umständen möglich. Höhere als die Mindestvergütungen dürften nur vereinbart werden, wenn diese Abweichung nicht zu Lasten des Netzbetreibers ginge. § 35 Abs. 1 EEG 2009 sieht jedoch wie vorher § 5 Abs. 2 EEG 2004 vor, dass der Übertragungsnetzbetreiber nur zur Vergütung entsprechend den §§ 18 bis 33 EEG 2009, also nur in Höhe der gesetzlich vorgesehenen Mindestvergütungen, verpflichtet ist. Wenn nun der Übertragungsnetzbetreiber und der Netzbetreiber nicht ebenfalls vertraglich höhere Vergütungssätze vereinbart haben, bleibt der Netzbetreiber auf diesen höheren Kosten sitzen. Er kann sie nicht in den bundesweiten Ausgleichsmechanismus weitergeben. Unter diesen Umständen fiele die vertragliche Vereinbarung über eine höhere Vergütung zu Lasten des Netzbetreibers und verstieße damit gegen § 4 Abs. 2 EEG 2009.

## b) Vertragliche Vereinbarungen zu Blindmehrarbeitskosten

Unter Geltung des EEG 2009 ist die Frage nach den Blindmehrarbeitskosten wie folgt zu formulieren: Wird mit einer vertraglichen Vereinbarung zur Berechnung von Blindmehrarbeit von den Bestimmungen des EEG 2009 zu Lasten des Anlagenbetreibers abgewichen? Da das EEG 2009 zur Blindleistung ebenso viel bzw. wenig regelt wie bereits das EEG 2004, ergeben sich für die Argumentation keine anderen Anhaltspunkte als die bereits Erörterten.[297] Vorzugswürdig ist darauf abzustellen, dass die Blindstromfahrweise im Rahmen der technischen Betriebsbedingungen zu berücksichtigen ist. Diese Betrachtungsweise setzt an der Ursache an. Dagegen ist das Argument, dass entsprechende vertragliche Vereinbarungen gegen die Mindestvergütungspflicht verstoßen, weil der Anlagenbetreiber ständig laufende Kosten zahlen müsse, lediglich eine Folge der ineffizienten Blindstromfahrweise. Nach diesseits vertretener Auffassung sieht das EEG 2009 mithin keine Bestimmungen zur Blindstromfahrweise vor. Vertragliche Vereinbarungen zu diesem Punkt sind mithin zulässig – und zwar auch Lasten des Anlagenbetreibers.

## 6. Zusammenfassung

Es kann festgestellt werden, dass die vertragliche Gestaltungsfreiheit durch das EEG 2009 noch stärker als bisher eingeschränkt wird. Sämtliche Normen erhalten über die Regelung des § 4 Abs. 2 EEG 2009 eine Art beiderseitig subjektiv halbzwingenden Charakter. Sobald eine vertragliche Vereinbarung für einen der beiden Vertragspartner mit einem (noch so kleinen) Nachteil verbunden ist, ist sie nichtig. Diese grundlegende Änderung in Verbindung mit den teilweise erheblich ausführlicheren und tieferen Regelungen des EEG 2009 führt dazu, dass nur noch für wenige eigenständige vertragliche Vereinbarungen Raum bleibt. So wird für die Bestimmung des Netzverknüpfungspunkts und eine Haftungsbeschränkung zu Gunsten der Netzbetreiber kaum noch ein freier Regelungsbereich bleiben. Starken Einschränkungen durch gesetzliche Vorgaben werden auch vertragliche Vereinbarungen zu Netzkosten, zur Entschädigung nach § 12 Abs. 1 EEG 2009 und zur Vergütungshöhe nach § 16 Abs. 1 EEG 2009 begegnen.

Wirklicher Raum für vertragliche Vereinbarungen, in dem Sinne, dass ausdrücklich auch Nachteile eingegangen werden dürfen, um andere Vorteile zu ermöglichen, bleibt beim Abweichen vom Abnahmevorrang nach § 8 Abs. 3 EEG 2009. Auch die Netzanschlussherstellung findet nach wie vor eine rechtliche Grundlage in einem Vertrag zwischen Anlagen- und Netzbetreiber. Die Anschlussausführung kann sogar von einem vorherigen Vertragsschluss abhängig gemacht werden, da sie keine Verpflichtung aus dem EEG 2009 ist und damit nicht vom Kopplungsverbot des § 4 Abs. 1 EEG 2009 umfasst ist. Das EEG 2009 sieht lediglich eine Pflicht zur Aufnahme von Vertragsverhandlungen über die Netzanschlussherstellung vor.

Auch der praktisch bedeutsame Fall der Blindstromberechnung findet im EEG 2009 weder eine ausdrückliche noch eine konkludente Regelung. Nach diesseitig vertretener

---

[297] S. o., S. 67.

Auffassung dürfen daher auch künftig über Blindstrommehrarbeitskosten vertragliche Vereinbarungen geschlossen werden.

Im Übrigen können vertragliche Vereinbarungen sich auf alles beziehen, was außerhalb des Regelungsbereichs des EEG 2009 steht. Dazu zählen nach wie vor vertragliche Vereinbarungen zur konkreten Durchführung des Leistungsaustauschs.

## Fazit und Schlussbetrachtung

Die ursprünglich uneingeschränkte Vertragsfreiheit der Netzbetreiber ist mit der Entwicklung der gesetzlichen Förderung Erneuerbarer Energien mehr und mehr eingeschränkt worden. Zunächst wurde mit dem Kontrahierungszwang noch eine vertragliche Vereinbarung als Grundlage der Rechte und Pflichten der Anlagen- und Netzbetreiber angenommen. Die Annahme eines gesetzlichen Schuldverhältnisses und das Kopplungsverbot haben jedoch vertragliche Vereinbarungen immer weiter verdrängt. Mit dem EEG 2009 scheint nun der Gesetzgeber den Versuch angetreten zu sein, vertragliche Vereinbarungen entweder obsolet zu machen oder gezielt nur zuzulassen, wenn mit ihnen eine weitere Förderung des eigentlichen Gesetzeszwecks erreicht werden kann. Vertragliche Vereinbarungen, die dem Gesetzeszweck in irgendeiner Form entgegenlaufen könnten, sollen jedenfalls verhindert werden. Um dies zu erreichen, stellt das EEG 2009 an prominenter Stelle, noch in den Allgemeinen Vorschriften klar, dass sämtliche Verpflichtungen aus dem Gesetz nicht an einen Vertrag gekoppelt werden dürfen und dass – mit einer gezielten Ausnahme – von sämtlichen Bestimmungen des Gesetzes nicht zu Lasten eines der beiden Vertragspartner abgewichen werden darf. Letztlich will der Gesetzgeber damit unkontrollierbare vertragliche Vereinbarungen unterbinden. Aus der früher uneingeschränkten ist nunmehr eine „kontrollierte Vertragsfreiheit" geworden – mehr noch: Der Vertrag stellt die Ausnahme dar.

Mit dem EEG 2009 tritt aber auch deutlicher denn je zutage, dass der Schutz und die rechtliche Besserstellung des Anlagenbetreibers nur Mittel zum Zweck sind. Die neu eingeführte Regelung zum Einspeisemanagement und der (vermeintliche) Schutz auch des Netzbetreibers vor nachteiligen vertraglichen Vereinbarungen in § 4 Abs. 2 EEG 2009 ziehen auch den Möglichkeiten der Anlagenbetreiber Grenzen. Wie der neu formulierte § 1 EEG 2009 ausdrücklich klarstellt, dient die Erhöhung des Anteils Erneuerbarer Energien an der Stromversorgung nur einem höheren Ziel, nämlich der nachhaltigen Entwicklung der Energieversorgung im Interesse des Klima- und Umweltschutzes. Damit wird politisch prestigeträchtiges Gebiet betreten. Die hohe politische Aktualität und Priorität könnte jedoch erklären, warum der Gesetzgeber mit dem EEG 2009 der Vertragsfreiheit derart rigoros Grenzen zieht.

Die neuen, detaillierten Regelungen und insbesondere § 4 Abs. 2 EEG 2009 mögen tatsächlich dazu beitragen, dass der Gesetzeszweck effektiver erreicht wird. Die kaum flexiblen Regeln können die Zusammenarbeit von Anlagen- und Netzbetreiber aber auch behindern. So ist beispielsweise fraglich, ob die neuen Regelungen zur Bestimmung des Netzverknüpfungspunkts den Bedürfnissen der Praxis ausreichend Rechnung tragen.

Anlagen- und Netzbetreiber sind letztlich die Protagonisten, die tatsächlich umsetzen, was von Gesetz und Politik mit so hoher Priorität verfolgt wird. Und es ist wichtig, dass diese beiden für die Dauer ihrer Zusammenarbeit konstruktive und verlässliche Rahmenbedingungen vorfinden. Es bleibt zu hoffen, dass die Regelungen des EEG 2009 diese zu schaffen imstande sind oder zumindest ausreichend Raum für konstruktive vertragliche Vereinbarungen bieten, um nicht nur Rechtssicherheit sondern auch Rechtsfrieden zu ermöglichen.

# Literaturverzeichnis

*Adomeit, Klaus,* Die gestörte Vertragsparität – ein Trugbild, in: NJW 1994, S. 2467 – 2469

*Altrock, Martin,* „Subventionierende" Preisregelungen – Die Förderung erneuerbarer Energieträger durch das EEG, München 2002

*Altrock, Martin / Oschmann, Volker / Theobald, Christian (Hrsg.),* Erneuerbare-Energien-Gesetz, Kommentar, 2. Auflage, München 2008

*Brockhaus,* Naturwissenschaft und Technik, red. Leitung Ulrich Kilian, Mannheim u.a. 2003

*Brox, Hans / Walker, Wolf-Dietrich,* Allgemeiner Teil des BGB, 31. Auflage, Köln/München 2007

*Bundesverband Erneuerbare Energien e.V. (BEE) (Hrsg.),* Jahr der Rekorde: Erneuerbare Energien in 2006, Stand: 18. Januar 2007, veröffentlicht unter http://www.bee-ev.de/uploads/EE2006_Jahr_der_Rekorde.pdf (Abrufdatum 25.8.2008)

*Danner, Wolfgang / Theobald, Christian (Hrsg.),* Energierecht, Kommentar, Band 2, München, Stand: Februar 2008

*Bundesministerium für Umwelt, Naturschutz und Reaktorsicherheit (Hrsg.),* Erfahrungsbericht 2007 zum Erneuerbare-Energien-Gesetz (EEG-Erfahrungsbericht) – Zusammenfassung, veröffentlicht unter http://www.bmu.de/files/pdfs/allgemein/application/pdf/erfahrungsbericht_eeg_2007_zf.pdf (Abrufdatum 25.8.2008)

*Fikentscher, Wolfgang / Heinemann, Andreas,* Schuldrecht, 10. Auflage, Berlin 2006

*Flume, Werner,* Allgemeiner Teil des Bürgerlichen Rechts, Zweiter Band, Das Rechtsgeschäft, 4. Auflage, Berlin/Heidelberg/New York 1992

*Jarass, Hans D. / Pieroth, Bodo,* Grundgesetz für die Bundesrepublik Deutschland, Kommentar, 9. Auflage, München 2007

*Kittner, Michael,* Schuldrecht, Rechtliche Grundlagen – Wirtschaftliche Zusammenhänge, 3. Auflage, München 2003

*Klemm, Andreas,* Erneuerbare Energien: Abgrenzung von Netzanschluss- und Netzausbaukosten, in: ET 2007, Heft 4, S. 62 – 66.

*Köhler, Helmut,* BGB Allgemeiner Teil, 30. Auflage, München 2006

*Larenz, Karl,* Lehrbuch des Schuldrechts, Erster Band, Allgemeiner Teil, 14. Auflage, München 1987

*Larenz, Karl / Wolf, Manfred,* Allgemeiner Teil des Bürgerlichen Rechts, 9. Auflage, München 2004

*Medicus, Dieter,* Allgemeiner Teil des BGB, 9. Auflage, Heidelberg/München 2006

*Medicus, Dieter,* Schuldrecht I, Allgemeiner Teil – Ein Studienbuch, 17. Auflage, München 2006

*Müller, Thorsten,* Das novellierte Erneuerbare-Energien-Gesetz, in: RdE 2004, S. 237 – 247

Münchener Kommentar zum Bürgerlichen Gesetzbuch, hrsg. von *Franz Jürgen Säcker, Roland Rixecker,* Band 1, Allgemeiner Teil, 1. Halbband: §§ 1 – 240, ProstG, 5. Auflage, München 2006

*Musielak, Hans-Joachim,* Examenskurs BGB, München 2007

*Musielak, Hans-Joachim,* Grundkurs BGB, 10. Auflage, München 2007

*Palandt,* Bürgerliches Gesetzbuch, bearbeitet von Peter Bassenge, u. a., 67. Auflage, München 2008

*Reshöft, Jan / Steiner, Sascha / Dreher, Jörg,* Erneuerbare-Energien-Gesetz, Handkommentar, 2. Auflage, Baden-Baden 2005

*Sachs, Michael (Hrsg.),* Grundgesetz, Kommentar, 4. Auflage, München 2007

*Salje, Peter,* Erneuerbare-Energien-Gesetz, Kommentar, 4. Auflage, Köln/München 2007

*Salje, Peter,* Energiewirtschaftsgesetz, Kommentar, Köln 2006

*Salje, Peter,* Der Stromeinspeisungsvertrag, in: VersorgungsWirtschaft 2002, S. 77 – 83

*Schäfermeier, Andreas,* Anmerkung zur Entscheidung des Bundesgerichtshofs vom 27. Juni 2007 Az.: VIII ZR 149/06, in: ZNER 2007, S. 325 – 326

*Schöne, Thomas (Hrsg.),* Vertragshandbuch Stromwirtschaft – Praxisgerechte Gestaltung und rechtssichere Anwendung, Frankfurt am Main 2007

*Tettau, Philipp* von, Haftungsklauseln in Netzanschluss- und Einspeisverträgen, in: ZNER 2003, S. 29 – 31